Pietro Costa

ritratti portraits

/ri·tràt·ti/ˈpôrˌtrāts/

SilvanaEditoriale

Comune di Prato

Sindaco / Mayor
Matteo Biffoni

Assessore alle Politiche culturali / Councilor for Cultural Affairs
Simone Mangani

Dirigente del Servizio Cultura, Turismo e Comunicazione / Manager for Cultural Affairs, Tourism and Communication
Rosanna Tocco

Museo di Palazzo Pretorio

Direttrice / Director
Rita Iacopino

Segreteria organizzativa e amministrativa / Administrative Office
Domenico Netti, Gianfranco Ravenni

Segreteria scientifica / Scientific Office
Marta Gelli, Società Cooperativa Culture

Architetto / Architect
Francesco Procopio

Servizi museali, didattica, marketing e bookshop / Reception, Didactics and Ticketing Services
Società Cooperativa Culture

Pietro Costa

ritratti portraits

/ri·tràt·ti/ˈ pôrˌtrāts/

Museo di Palazzo Pretorio, Prato,
23 aprile / April - 31 luglio / July 2022

Mostra e catalogo a cura di /
Exhibition and Catalogue Curated by
Chiara Spangaro

Allestimento opere e digital imaging /
Works Set up and Digital imaging
Angelo Costa
Pietro Francis Costa

Comunicazione e pubbliche relazioni /
Communication and Public Relations
Silvia Bacci

Progetto grafico mostra /
Exhibition Graphic Project
Giuseppe Senatore

Traduzioni / Translations
Angelica Frey
Elisa Marani

Musica originale / Original Music
Gianni Veronesi
Brothers, 2021

Con il supporto di / With the Support of
Luquer Street Projects, Inc.
Infravie, srl

Pietro Costa. /ri.tràt.ti/ /ˈpôrˌtrāts/ indaga le relazioni familiari e l'unicità delle relazioni stesse attraverso il ritratto, utilizzando la manipolazione del tessuto più evocativo che vi sia – il sangue – e ricorrendo alla fotografia.
Una ricerca – quella di Costa – che scorre dalle persone ai luoghi e da questi alle persone, quasi a evocare un animus loci et sanguinis, *nel nome della irripetibilità, una irripetibilità che è anche tensione verso l'infinitezza.*
Il Museo di Palazzo Pretorio, attento alle stirpi collettive e a quelle della comunità, collabora a questo nuovo passaggio, curato da Chiara Spangaro, nel nome di una prossimità con quanto il Territorio produce e ha prodotto da decenni a questa parte.

Simone Mangani
Assessore alla Cultura, Rete bibliotecaria, Manifatture Digitali, Cinema, Politiche giovanili e Officina giovani, Cittadinanza e immigrazione, Relazioni con le istituzioni partecipate in ambito culturale, Comune di Prato

Pietro Costa. /ri.tràt.ti/ /ˈpôrˌtrāts/ investigates family relationships and the uniqueness of the relationships themselves through portraiture, using the manipulation of the most evocative fabric there is – blood – and using photography. Costa's research flows from people to places and from places to people, almost as if to evoke an animus loci et sanguinis, *in the name of unrepeatability, an unrepeatability that is also a tension towards the infinite.*
The Museum of Palazzo Pretorio, attentive to the collective lineages and to those of the community, collaborates in this new passage, curated by Chiara Spangaro, in the name of a proximity to what the Territory produces and has produced for decades now.

Simone Mangani
Councilor of Culture, Library network, Digital cinema productions, Youth policies and council, Citizenship and immigration, and Relations with institutions involved in the cultural field, Prato Municipality

Da immigrato figlio di contadini provenienti dal Sud Italia, il mio incontro con l'arte è stato fortuito ed è avvenuto grazie a un corso obbligatorio di educazione artistica al liceo. Non sapendo cosa dipingere o disegnare, il signor Goldstein, il mio primo insegnante di educazione artistica mi disse: "Dipingi ciò che conosci meglio: te stesso". Ho quindi continuato a realizzare autoritratti durante le scuole superiori. Nel 1989 tornai al punto di partenza: prelevai il mio stesso sangue, senza ben sapere come utilizzarlo per realizzare un nuovo tipo di autoritratto.

Dedicato ai miei antenati.

As an immigrant son of southern Italian farmers, art came to me by chance in a required high school art class. Not knowing what to paint or draw, Mr. Goldstein, my first art teacher said: "Paint what you know best, yourself."
I continued to make self-portraits during my art school years.
In 1989 I returned where I started by drawing my own blood for the first time, not knowing exactly how to use it to make a new kind of self-portrait.

Dedicated to my ancestors.

Pietro Costa

Ringraziamenti - Acknowledgements

La curatrice e l'artista ringraziano / The curator and the artist would like to thank:
Il Comune di Prato: il Sindaco Matteo Biffoni, l'Assessore alle Politiche Culturali Simone Mangani con Rosanna Tocco, Dirigente del Servizio Cultura, Turismo e Comunicazione. Il Museo di Palazzo Pretorio: la direttrice Rita Iacopino, con Domenico Netti, Gianfranco Ravenni, Marta Gelli e l'architetto Francesco Procopio.
The Prato Administration: The Mayor Matteo Biffoni, the Councilor to the *Politiche Culturali*, Simone Mangani with Rosanna Tocco, Director of the *Servizio Cultura, Turismo e Comunicazione*. The Palazzo Pretorio Museum: the Director Rita Iacopino, with Netti, Gianfranco Ravenni, Marta Geli and the architect Francesco Procopio.

Il team della mostra / The exhibition team:
Silvia Bacci
Angelo Costa
Pietro Francis Costa
Angelica Frey
Elisa Marani
Giuseppe Senatore

Gli autori dei testi in catalogo / The authors of the texts in the catalog:
Policarp Hortolà
Robert C. Morgan

Il team di Silvana Editoriale / The Silvana Editoriale team:
Dario Cimorelli
Sergio Di Stefano
Michele Pizzi
Lorena Ansani
Denise Castelnovo

Pietro Costa è particolarmente grato ai collezionisti delle opere in mostra e ai donors del progetto Bloodworks / Pietro Costa is particularly grateful to the collectors of the exhibited works and the donors to the Bloodworks:
Giuseppe Arcadipane
Ania Archip
Valentina Arienzo
Maria Attina
Calogero, Lapo, Leonardo, Lorenzo, Luna e / and Serena Branciforti
Casey Burry
Garnette Cadogan
Teresa Cafaro
Mario Cancro
Agnese Costa
Angelo Costa
Emma Costa
Pietro Francis Costa
Pierino Di Blasio
Ivan Di Palma
Francesco Antonio D'Orilia
Vito D'Orilia
Virginia Fabrizi
Karin Faisal
Joseph Finnerty III
Nick Flynn
Caterina Gori
Fabio Gori
Giuliano Gori
Paolo Gori
Pietro Gori
Rosa Gori
Tommaso Gori
Whitney Griffin
Arturo Iannello
Ingeborg Hutt Macchiaroli
Sara Manisera
Leopold Karting
Salvatore Medici
Olga Miserendino
Albert Mobilio
Oukasha Musah
Haruna Mustapha
Riccardo Onori
Carlo Palli
Antonio Panzella
Walter Rossi
Angelo Sacco
Ilaria Sacco
Jessica Sacco
Irene Sanesi
Margarita Sassone
Raffaele Troncone
Teresa Vallone
John Ventimiglia
Sandro Veronesi
Gianni Veronesi
Antonia Vricella
Patricia Watkins Costa
Chantay Young

Per la loro consulenza e supporto su vari aspetti del progetto l'artista ringrazia anche / For their advice and support on various aspects of the exhibition and bloodworks project the artist also thanks
Marzio Amorosi
Francesca Bartolini
Annacarmina Colella
Kathleen Cullen
Tamara Galantino
Virginia Giuliani
Roald Hoffmann
Antonella Inglese
Anna Maria Mazzariello
Arsenio Pandolfo
Carmela Procaccio
Sandie Ren
John Romanelli
Pietro Sacco
Mimmo Scaldaferri
Romano Siniscalchi
David Sulzer
Arsenio Vricella
Gianfranco Zaccara

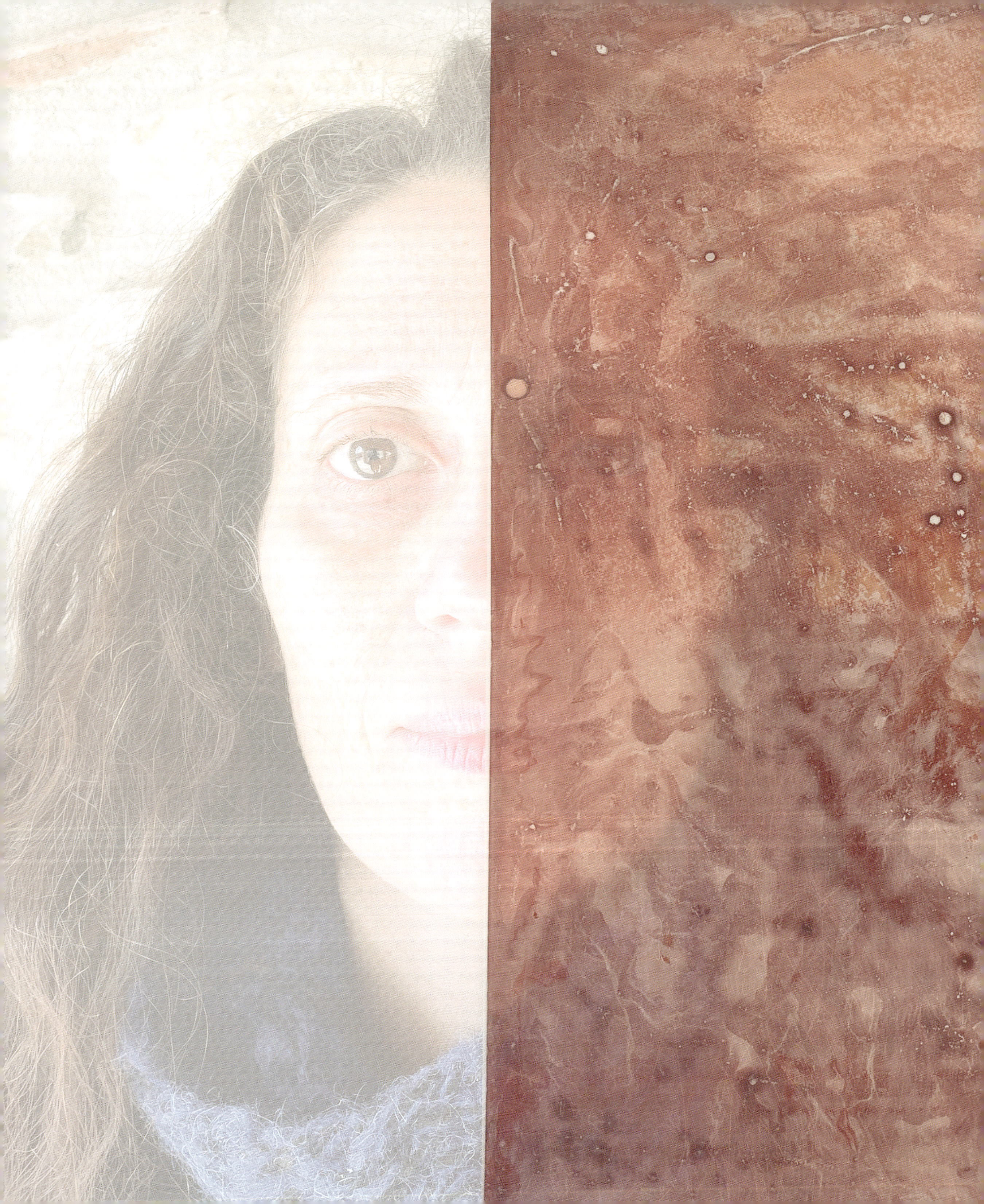

Sommario
Contents

Couplings II, 2022
(dettaglio / detail)
Sangue del donatore, mylar, fotografia a colori su plexiglass /
The donor's blood, mylar, color photographic print on plexiglass
90 x 180 cm
Collezione privata /
Private Collection

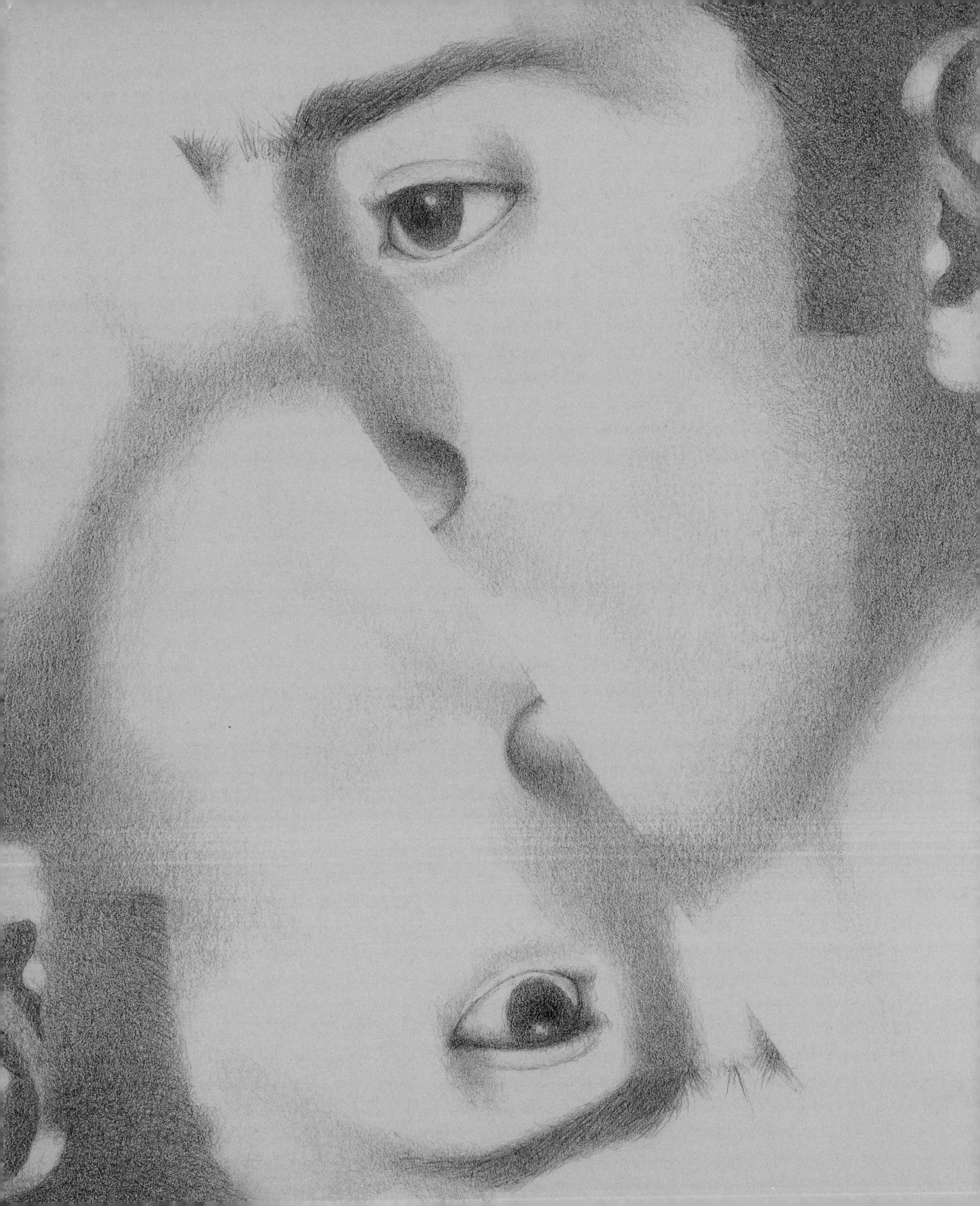

Identità scientifica

Chiara Spangaro

Nell'opera di ogni artista si mescolano forme, tecniche e materiali diversi, portati famigliari e vicende personali, arricchiti dal continuo confronto con il proprio contesto e con lo spettro più ampio del mondo.

Pietro Costa è arrivato a New York con i suoi genitori e la sorella nel 1972, trapiantato a soli dodici anni nella metropoli americana dal borgo di Sant'Arsenio in provincia di Salerno. Lì sua madre e suo padre lavoravano in campagna e allevavano animali, occupandosi dei figli e della casa. Ricorda l'artista che "prima di allora non eravamo neanche mai usciti dalla Campania. Il 13 settembre siamo arrivati in nave a New York e tra i nostri bagagli portavamo anche un baule pieno di farina di grano. Non conoscendo la meta del nostro viaggio ai nostri genitori era sembrato ovvio prendere con sé anche i prodotti della nostra terra, sia per praticità sia per mantenere una continuità"[1].

Passati gli anni settanta tra il contesto famigliare italiano e la nuova realtà newyorkese, le due nature di Costa si mescolano, fondendo i caratteri in un unico essere con due volti, due lingue e due realtà continuamente a confronto: quello rurale, mediterraneo e cristiano della sua nascita e quello urbano, atlantico e multietnico della sua formazione adolescenziale e universitaria.

In bilico tra questi due universi, Costa ha dato inizio alla propria ricerca artistica con la produzione di numerosi autoritratti tra i quali *Self-Image*, 1979. Il disegno *Self-Image* dove l'io è integrato al suo doppio capovolto, in una auto-rappresentazione indefinita e illusiva, è presentato nell'omonima collettiva alla School of Visual Arts di New York, che frequenta, e viene utilizzato come immagine per il manifesto della mostra[2].

Durante gli anni del college, è iscritto nelle liste della International Alliance of Theatrical Stage

Scientific Identity

Chiara Spangaro

In the work of each artist, different forms, techniques and materials mix, family backgrounds and personal events, enriched by the continuous comparison with their own context and with the wider spectrum of the world. Pietro Costa arrived in New York with his parents and sister in 1972, transplanted to the American metropolis at only twelve years old from the village of Sant'Arsenio in the province of Salerno. There, his mother and father worked in the countryside, raised animals, reared their children and maintained a household. The artist recalls, "before that time we had never even left the Campania region. On September 13, we arrived by ship in New York and among our luggage we also carried a trunk full of wheat flour. Not knowing the destination of our trip, it seemed obvious to our parents to also transport the products of our land, both for convenience and to maintain continuity."[1] In the 1970s, between the Italian family context and the new reality of New York, Costa's two natures melded, merging the differences into a single being with two faces, two languages and two realities that were constantly contrasted: the rural, Mediterranean and Christian one of his birth and the urban, Atlantic and multiethnic one of his adolescent and university education.

Balancing between these two worlds, Costa began his artistic research with the production of numerous self-portraits including *Self-Image*, 1979. The *Self-Image* drawing where the self is fused into its inverted double, in an undefined and illusory self-representation, is presented in the homonymous group show of students from the School of Visual Arts in New York, which he attended, and is used as the image for the exhibition poster.[2]

During his college years, he is registered in the lists of the International Alliance of Theatrical

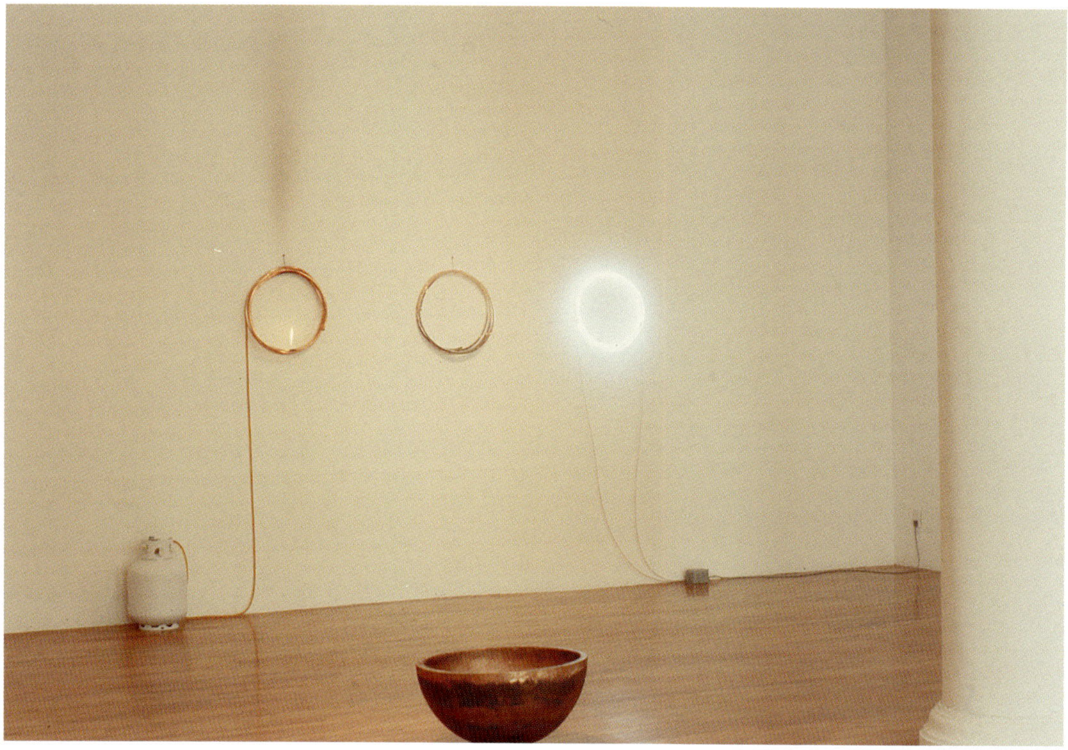

Self-Image, 1979
(dettaglio / detail)
Grafite su carta /
Pencil on paper
25,5 x 18 cm
Collezione dell'artista /
The Artist's Collection

Self Portrait, 1989-1992
Allestita nella personale alla / As installed at Stark Gallery di New York, 1992.
Sangue dell'artista, eparina, neon, tubo in vetro, tubo in rame, tubo in lattice, fiamma, bombola di gas propano, componenti elettrici / The artist's blood, heparin, neon, glass tube, copper tube, latex tube, flame, propane gas tank, electrical components.
200 x 300 cm (dimensioni variabili / variable dimensions)
Collezione dell'artista /
The Artist's Collection

Employees (IATSE)[3] grazie a cui lavora da freelance nell'industria cinematografica, realizzando animazione e grafica per film e spot televisivi. Dopo la laurea nel 1982 comincia la collaborazione con il Solomon R. Guggenheim Museum come *art installer* che continua per quattordici anni tra New York, i musei internazionali e le nuove sedi dell'istituzione, da Venezia a Bilbao. In questo frangente, entra in contatto con gli artisti e le loro opere, i media più differenti e scopre tecniche diverse. Contestualmente sviluppa la sua pratica che lo spinge negli anni ottanta a ricercare le possibilità formali e fisiche della geometria e a sperimentare l'installazione ambientale luminosa che realizza con i neon.

Sono di questo periodo sculture in metallo e cera quali *Folded Circle I*, 1991, che indagano le possibilità illusive e di scomposizione della forma geometrica – sia sotto il profilo della sua consistenza fisica, sia sotto quello della sua fruizione visiva nello spazio. Di natura ambientale, questi lavori austeri e insieme polimorfi questionano nuovamente il tema dell'essenza: a seconda del loro punto di visione appaiono piatte o tridimensionali, ellittiche o rotonde e, in altre parole, sfuggono a una definizione di forma. A queste opere si relazionano la serie di sfere e semisfere alle quali l'artista lavora in concomitanza, da *The Weight of Space I* a *Black Wax Half Sphere*, 1991. Queste porzioni di spazio solido sono forme primordiali e semplici, attivate dai materiali diversi che l'artista ha utilizzato per formarle: ora gli elementi naturali quali cera d'api o manganese, ora quelli della tradizione scultorea come bronzo o rame, alluminio e cemento. In alcune, Costa inserisce media legati alla luminosità: foglia d'oro, neon e gas propano utilizzato per attivare una fiamma viva.

Questi nuclei partono dalla forma geometrica piana o solida per eluderla e contaminarla, corromperla e negarla nel suo essere ferma e immutabile. L'artista le espone e le fotografa nello studio di Grand Avenue a Brooklyn, allestendole di volta in volta in modi diversi, così da metterne alla prova le differenti identità spaziali.

La ricerca identitaria è per Costa una lente con cui ha esplorato il mondo attraverso il suo lavoro creativo, spostandosi dal figurativo all'astratto, dal disegno alla scultura, dal neon al fuoco, dal metallo alla carta. Mentre sta progressivamente abbandonando gli insegnamenti post-minimal della sua formazione, nella seconda metà degli anni ottanta è conclamata l'infezione dell'AIDS anche in stretta relazione alla diffusione massiccia dell'eroina. Costa ricorda che "l'inserire

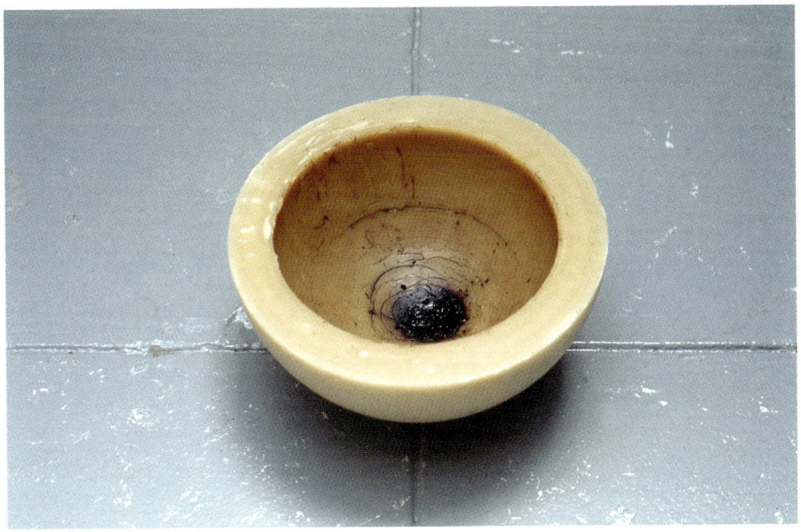

Requietum, 1991-1993
Sangue dell'artista, cera d'api, larve / The artist's blood, beeswax, maggots
15 x 30 x 30 cm
Collezione dell'artista / The Artist's Collection

Stage Employees (IATSE)[3] thanks to which he works as a freelancer in the film industry, creating animation and graphics for films and television commercials. After graduating in 1982, he began his collaboration with the Solomon R. Guggenheim Museum as an art installer, which continued for fourteen years between New York, international museums and new locations of the institution, from Venice to Bilbao.

At this juncture, he comes into contact with artists and their works, the most diverse media, and discovers different techniques. At the same time, he develops his practice, which pushes him, in the 1980s, to research the formal and physical possibilities of geometry and to experiment with the luminous environmental installation that he makes with neon.

Sculptures in metal and wax such as *Folded Circle I*, 1991, are from this period, investigating the illusive possibilities and decomposition of geometric form – both in terms of its physical consistency and its visual fruition in space. Of an environmental nature, these austere and at the same time polymorphic works once again question the theme of essence: depending on their point of view, they appear flat or three-dimensional, elliptical or round and, in other words, they elude formal definition. Related to these works are the series of spheres and hemispheres the artist works on at the same time: from *The Weight of Space to Black Wax Half Sphere*, 1991. These portions of solid space are primordial and simple forms, activated by the different materials the artist has used to form them: now natural elements such as beeswax or manganese, now those of the sculptural tradition such as bronze or copper, including aluminum and cement. In some, Costa inserts media related to luminosity: gold leaf, neon and propane gas to activate a living flame.

These cores start from flat or solid geometric form to evade and contaminate it, corrupt it and deny it in its being firm and unchanging. The artist exhibits and photographs them in his studio on Grand Avenue in Brooklyn, setting them up each time in different ways, so as to "prove" their different spatial identity.

The search for identity is for Costa a lens with which he has explored the world through his creative work, moving from figurative to abstract, from drawing to sculpture, from neon to fire, from metal to paper. While he is progressively abandoning the post-minimal teachings of his training, in the second half of the 1980s the infection of AIDS is also revealed in close relation to the massive spread of heroin. Costa remembers that "inserting or extracting something from the body was a very present theme" and in 1989 he too began to experiment with his hematic fluid that bears the exact trace of his individuality: DNA.

The use of blood in the production of artists of the second half of the twentieth century has several forerunners in Costa, which we only want to mention. As Florina Codreanu summarizes in her essay *The Future Present of Art, Between Artistic Experiment and Blood Discourse*,[4] "the proliferating obsession that haunts man, that is, the fragility of his existence, can be traced in all post-war creations. The end of the Sixties launched under the great concept of 'Action Art' a multitude of related tendencies: happenings, performances, Body Art, Fluxus, etc. So the Nineties, already saturated by this inherited load, will give birth to independent artistic figures capable of proposing a subjective understanding of the original moment."

Because of its evocative and symbolic bearing, blood is an unconventional medium, used for its emotional and social, cultural and at the same time scientific power. In her mapping, Codreanu cites the extremes of Viennese Ac-

o estrarre qualcosa dal corpo era un tema molto presente a New York" e nel 1989 anche lui comincia la sperimentazione con il suo liquido ematico che, tra l'altro, contiene anche la traccia esatta della sua individualità: il DNA.

L'uso del sangue nella produzione di artisti del secondo Novecento ha diversi antesignani di Costa, ai quali vogliamo solo accennare. Come sintetizza Florina Codreanu nel suo saggio *The Future Present of Art, Between Artistic Experiment and Blood Discourse*[4], "l'ossessione proliferante che perseguita l'uomo, ovvero la fragilità della sua esistenza, è rintracciabile in tutte le creazioni del dopoguerra. La fine degli anni sessanta lancia sotto il grande concetto di 'Action Art' una moltitudine di tendenze affini: happening, performance, Body Art, Fluxus eccetera. Così gli anni novanta, già saturati da questo carico ereditato, daranno vita a figure artistiche indipendenti in grado di proporre una comprensione soggettiva del momento originale".

Per il suo portato evocativo e simbolico, il sangue è un medium non convenzionale, utilizzato per il suo potere emotivo e sociale, culturale e insieme scientifico. Nella sua mappatura Codreanu cita gli estremi dell'Azionismo viennese connessi al rito dionisiaco e alla psicoanalisi e porta gli esempi della Body Art – dall'abbandono corporeo di Marina Abramović al linguaggio della ferita di Gina Pane, fino alle mutazioni/mutilazioni di Orlane. Tra gli anni ottanta e i novanta anche le arti visive sono investite dagli effetti di AIDS, dal progresso dell'ingegneria genetica e dal senso di un futuro in cui il sangue è anche portatore di pericolo. Così, il fluido non è più solo evocativo o simbolico ma diviene anche pericoloso e talvolta scabroso.

Negli stessi anni, sia le immagini di Andres Serrano dedicate ai liquidi corporei sia la scultura *Self* di Marc Quinn sono precedenti che è interessante citare in relazione al lavoro di Costa. Serrano ha prodotto le due serie di fotografie *Immersions* (1985-90) e *Bodily Fluids* (1986-90) utilizzando il sangue, come simbolo sia di violenza sia di passione, ma anche urina, latte materno e sperma. Nell'indagare la relazione tra bellezza delle immagini e materiali biologici, l'artista-fotografo li usa come un pittore: appiattendo la superficie ed eliminando lo sfondo, il soggetto e la prospettiva. Serrano non vuole suscitare timore o disgusto ma realizzare immagini seducenti e astratte.

Quinn produce l'autoritratto *Self*, 1991, con il proprio sangue conservato in una teca frigorifera appositamente progettata. Il calco della testa dell'artista britannico è creato da dieci pinte del suo stesso sangue e immerso in silicone congelato. Nel lavoro, il materiale scultoreo è sia simbolico sia letterale, come anche l'alimentazione elettrica che rappresenta l'idea di dipendenza da alcool che schiacciava Quinn in quel periodo ma che serve anche per conservarlo. Ogni cinque anni l'artista aggiunge un autoritratto, a mostrare il corso del tempo e il cambiamento del sé.

Analogamente, Costa non utilizza il sangue con un intento scioccante ma con un interesse che potremmo definire scientifico e sperimentale: consapevole del valore comunicativo del medium, che per lui rappresenta il sé e il tempo, ne studia le possibilità fisiche ed espressive. Confortato anche dalla visione diretta delle ricerche di colleghi che impiegano il sangue – tra cui in particolare Carolee Schneemann – si scontra però con l'impossibilità di fare suoi i temi politici e di gender, e percorre una narrazione più personale.

Tornato al tema dell'auto-rappresentazione, nel 1992 espone alla Stark Gallery *Self-Portrait*, 1989-1992, il primo lavoro realizzato con il proprio sangue. L'opera è costituita da tre cerchi in rame, lattice e vetro che attivano tre diversi materiali: fuoco, sangue e neon. Due elementi della scultura proseguono le sue ricerche sulle

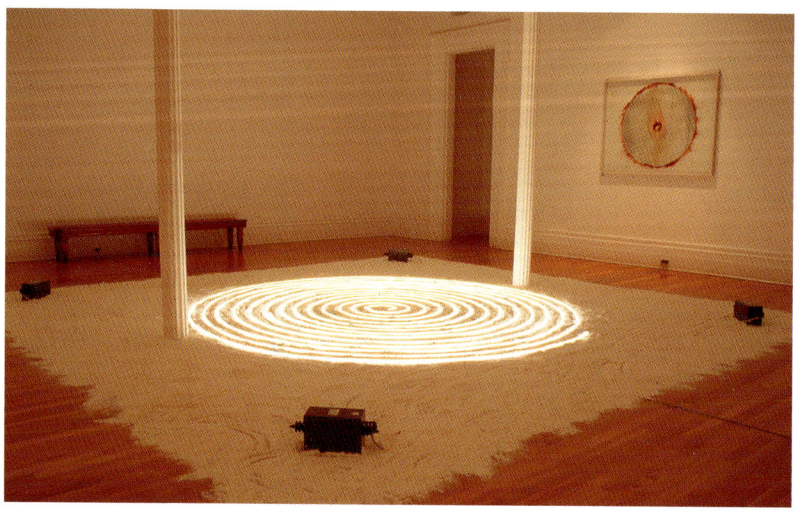

A Tembola Rossa, 1992
Neon, componenti elettriche e farina / Neon, electrical components and wheat flour
1219 x 1219 cm
Collezione dell'artista / The Artist's Collection

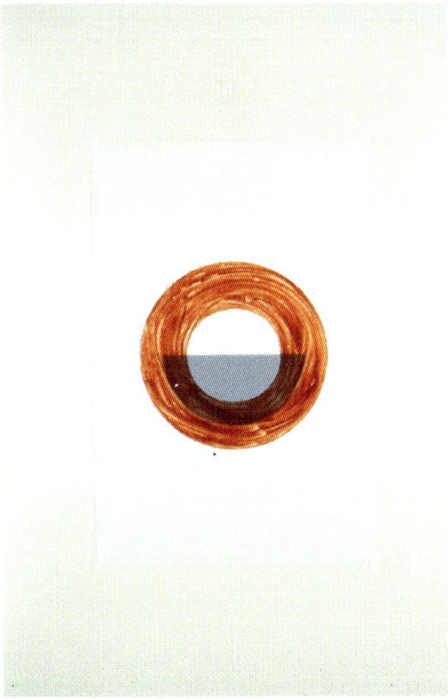
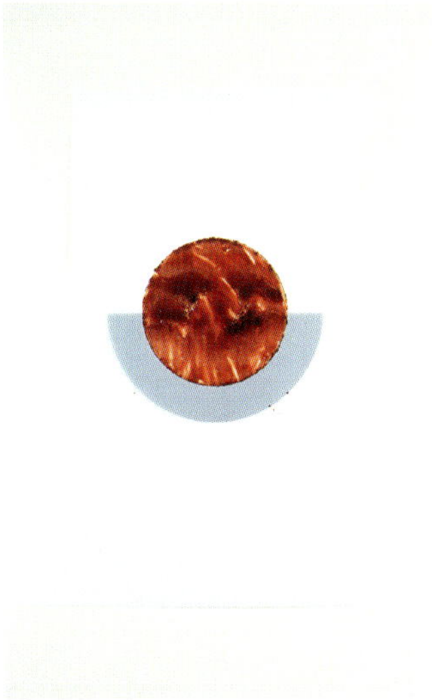
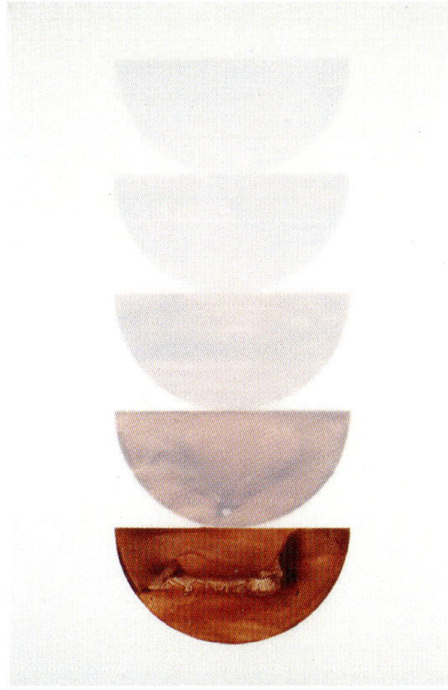

Untitled I, 1992
Sangue dell'artista, carbone, mylar / The artist's blood, powdered charcoal, mylar
91 x 91 cm
Collezione dell'artista / The Artist's Collection

Untitled II, 1992
91 x 91 cm
Sangue dell'artista, carbone, mylar / The artist's blood, powdered charcoal, mylar
Collezione dell'artista / The Artist's Collection

Untitled III, 1992
Sangue dell'artista / The artist's blood, mylar
61 x 91 cm (five layers)
Collezione dell'artista / The Artist's Collection

tionism connected to the Dionysian ritual and psychoanalysis, and brings examples of Body Art – from Marina Abramović's bodily abandonment to Gina Pane's language of the wound, to Orlane's mutations/mutilations. Between the Eighties and Nineties, the visual arts were also invested by the effects of AIDS, the progress of genetic engineering and the sense of a future in which blood is also the bearer of danger. Thus, the fluid is no longer only evocative or symbolic but also becomes dangerous and sometimes scabrous.

In the same years, both Andres Serrano's images dedicated to bodily fluids and Marc Quinn's Self sculpture are interesting precedents that are worth mentioning in relation to Costa's work. Serrano produced the two series of photographs *Immersions* (1985-90) and *Bodily Fluids* (1986-90) using blood as a symbol of both violence and passion, but he also photographs urine, breast milk and semen. In investigating the relationship between image beauty and biological materials, the artist-photographer uses them like a painter: flattening the surface and eliminating the background, subject matter, and perspective. Serrano does not want to inspire awe or disgust but to reveal seductive, abstract images.

Quinn produces self-portrait *Self*, 1991, with his own blood stored in a specially designed refrigerated case. The cast of the British artist's head is created from ten pints of his own blood and immersed in frozen silicone. In the work, the sculptural material is both symbolic and real, as is the power supply used to store it but also representing the idea of alcohol addiction that subjugated Quinn at the time. Every five years the artist adds a self-portrait, showing the course of time and the changing self.

Similarly, Costa does not use blood with a shocking intent but with an interest that we might define as scientific and experimental: aware of the communicative value of the medium, which for him represents the self and time, he studies its physical and expressive possibilities. Also comforted by the direct vision of the research of colleagues who use blood – in particular Carolee Schneemann – he clashes, however, with the impossibility of making political and gender themes his own, and undertakes a more personal narrative.

Returning to the theme of self-representation, in 1992 he exhibited at the Stark Gallery *Self-Portrait*, 1989-1992, the first work made with his own blood. The work consists of three circles: copper, latex and glass that activate three different materials: fire, blood, and neon. Two elements of the sculpture continue his research into Apollonian forms – the circle – and the possibilities of light. The third circumference is the artery that introduces the artist's biological identity and a new reflection on the self, its origin and history.[5] During the Nineties, while continuing to work with neon and metals, Costa experimented with the use of his blood in different forms of hybridization between

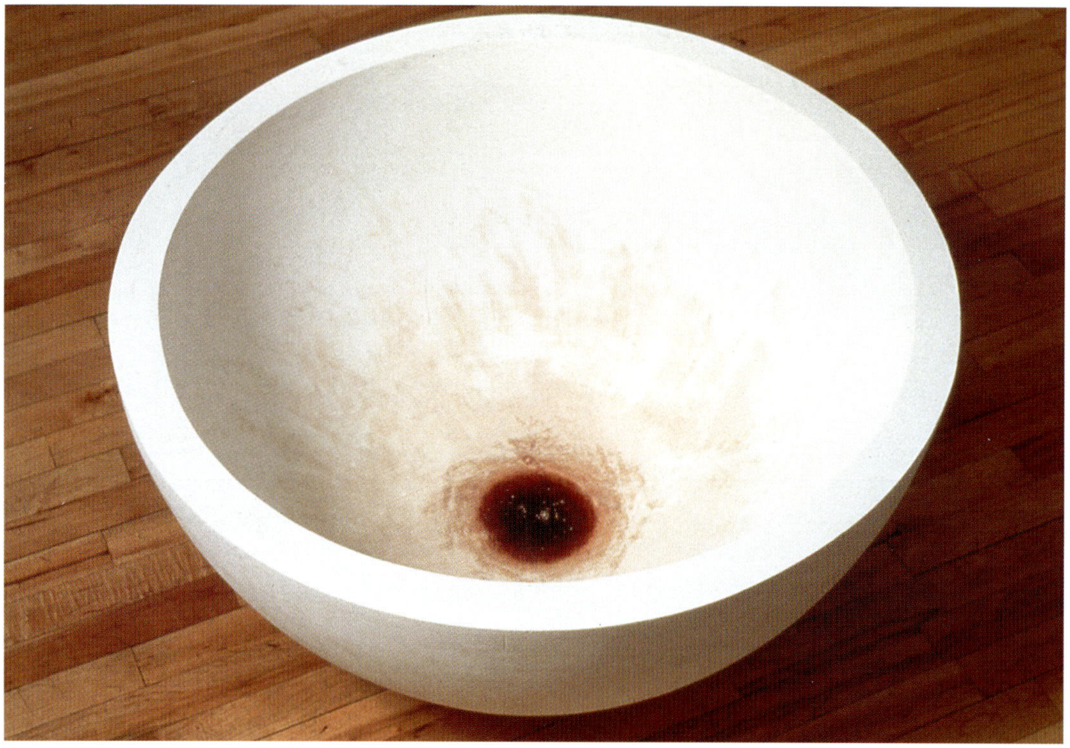

Plaster bowl with blood, 1993
Sangue dell'artista, gesso / The artist's blood, plaster
43 x 86 x 86 cm
Collezione dell'artista / The Artist's Collection

forme apollinee – il cerchio – e sulle possibilità della luce. La terza circonferenza è l'arteria che introduce l'identità biologica dell'artista e una nuova riflessione sul sé, sulla sua origine e storia[5]. Nel corso degli anni novanta, pur continuando a lavorare con neon e metalli, Costa sperimenta l'uso del suo sangue in diverse forme di ibridazione tra i materiali – dal carboncino su pergamena, al vetro soffiato o in lastre, alla carta – e costruisce anche grandi installazioni ambientali un cui utilizza neon e farina, cera d'api e vetro. Alcune opere sono più descrittive, come *Good Blood/Bad Blood* e *13 Halves of Infinity*, 1993, altre proseguono la linea geometrica, *Five Layered Halves*, 1994, altre ancora si addentrano nell'uso astratto del medium, *Hanging by a Nail (for Chris Wilmarth)*, 1994. Lavorando a una serie di disegni di architettura[6], intorno agli anni duemila, scopre il mylar[7], un materiale sintetico, trasparente e resistente con il quale comincia a produrre una serie di autoritratti intitolati con le date dei prelievi sanguigni. Il supporto permette a Costa di utilizzare il liquido come un pigmento steso tra due fogli di poliestere e anche di imprigionare i dati ambientali nelle particelle di aria che rimangono intrappolate tra i due veli di mylar. In questo modo, oltre all'identità del soggetto è conservata anche la traccia del luogo del lavoro. Non solo il "chi" ma anche il "dove", sono componenti che si aggiungono al tema che sottende la composizione: come sconfiggere o annullare tempo, il decadimento e la gravità[8].

"Nel 2000, con la crescente conversazione sui progressi del Progetto Genoma, la controversia sorta sull'etica della clonazione e l'incremento delle conoscenze sul DNA, ho deciso di includere il sangue degli altri. Questo cambiamento mi ha portato dall'autoritratto alla ritrattistica e ha dato vita al *Donor Project*. Con il *Donor Project* il processo di prelievo è stato ampliato a includere: un accordo legale firmato tra me e ciascun donatore, una Polaroid del soggetto prima e dopo il prelievo e la registrazione audio della nostra conversazione durante il lavoro."[9]

Aprendosi a soggetti estranei, Costa varia la sua pratica, sia per garantirne l'appropriata sicurezza sia per produrre ogni volta due ritratti contemporanei: uno collezionato dal donatore di sangue e l'altro custodito nel suo studio come archivio dell'artista.

Dai primi lavori del *Donor Project*, in cui la Polaroid è utilizzata come documento istantaneo, l'avvento delle nuove tecnologie ha permesso di

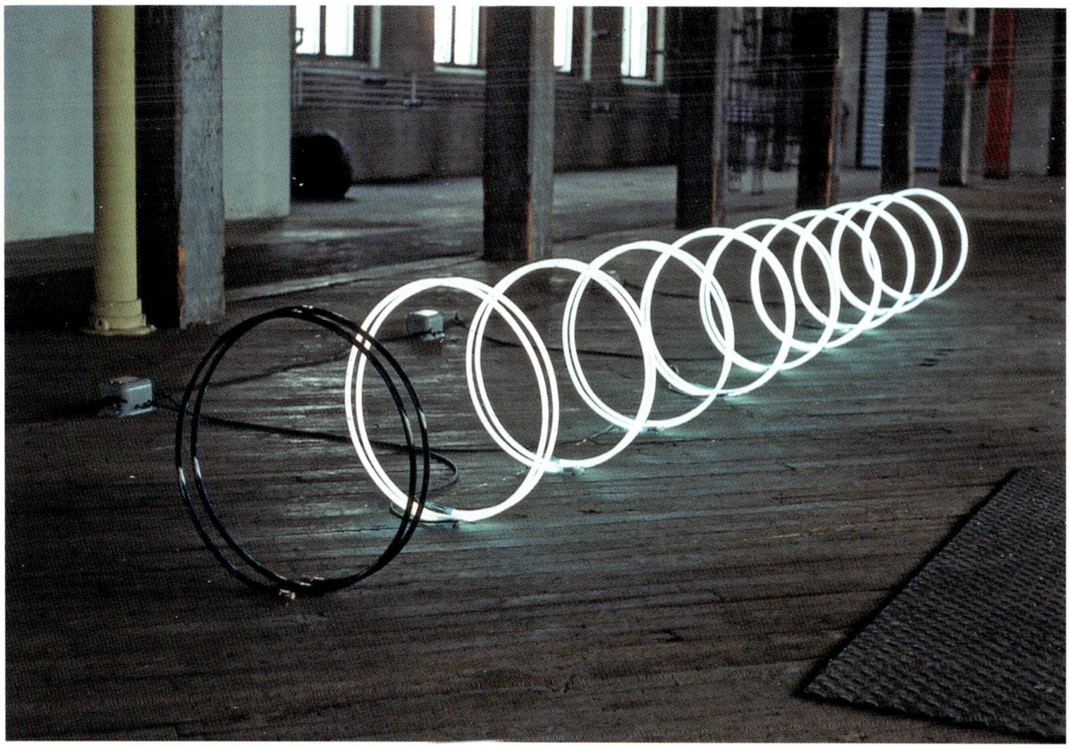

Una piccola sosta, 1992
Mostra / Installation view of 55 Ferris Street, New York, 1992
Sangue dell'artista, eparina, tubo in vetro, neon, componenti elettriche / The artist's blood, heparin, glass tube, neon, electrical components
61 x 61,5 cm (dimensioni variabili / variable dimensions)
Collezione privata / Private Collection

materials – from charcoal on parchment, to blown glass or in sheets, to paper – and also built large environmental installations in which he used neon and flour, beeswax and glass. Some works are more descriptive, such as *Good Blood/Bad Blood* and *13 Halves of Infinity*, 1993, others continue the geometric line, *Five Layered Halves*, 1994, and still others delve into the abstract use of the medium, *Hanging by a Nail (for Chris Wilmarth)*, 1994.

While working on a series of architectural drawings,[6] around the year 2000, he discovered mylar,[7] a synthetic material, transparent and resistant, with which he began to produce a series of self portraits entitled with the dates of blood samples. The support allows Costa to use the liquid as a pigment spread between two sheets of polyester and also to imprison environmental data in the air particles that remain trapped between the two veils of mylar. In this way, in addition to the identity of the subject, the trace of the place of work is also preserved. Not only the "who" but also the "where" are components that add to the underlying theme of the composition: how to defeat or cancel time, decay and gravity[8].

"In 2000, with the growing conversation about the progress of the Genome Project, the controversy arising over the ethics of cloning, and the increase in our knowledge of DNA, I decided to include other people's blood. This shift took me from self-portraiture to portraiture and gave birth to the *Donor Project*. With the *Donor Project*, the collection process was expanded to include: a signed legal agreement between me and each donor, a Polaroid of the subject before and after collection, and an audio recording of our conversation, while working."[9]

Opening himself up to extraneous subjects, Costa varies his practice, both to ensure appropriate safety and to produce two contemporary portraits each time: one collected from the blood donor and the other kept in his studio as the artist's archive.

From the first works of the *Donor Project*, in which the Polaroid is used as an instantaneous document, the advent of new technologies has made it possible to integrate the real image with the blood print. The photograph does not provide details other than physiognomic: it is a large format passport image printed on forex and approached by a double mylar veil where the biological and genetic data of the portrayed

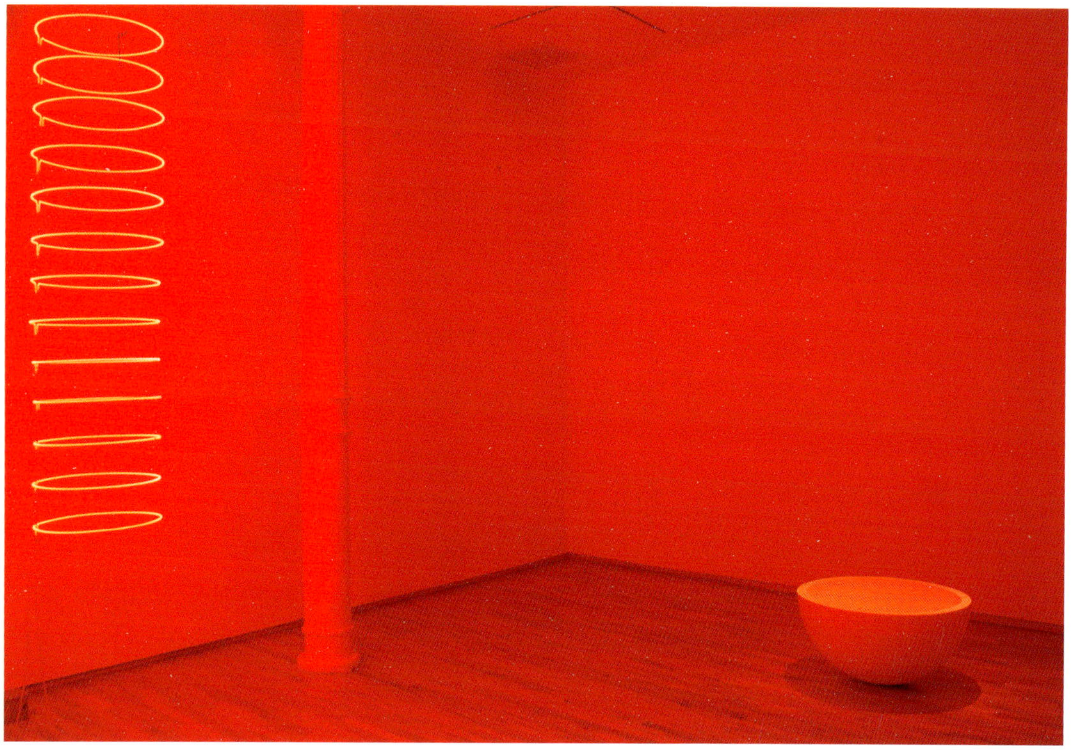

Mostra / Installation view of *IPSE*, David Beitzel Gallery, New York, 1993

integrare l'immagine reale all'impronta ematica. La fotografia non fornisce dettagli se non fisionomici: è un'immagine da passaporto di grande formato stampata su forex e avvicinata a un doppio velo di mylar dove sono custoditi i dati biologici e genetici della figura ritratta – dalla madre *Antonia* all'amico *Garnette*, entrambe del 2018.

Riflettendo sul suo lavoro, Costa si è chiesto perché il sangue sia un elemento per lui così fondamentale: "Le mie origini e la mia educazione nel Sud Italia, dove da piccolo facevo il chierichetto… il mistero di San Gennaro a Napoli. Poi, la vita in famiglia a Sant'Arsenio, dove ogni gennaio assistevo all'uccisione del maiale che ci avrebbe nutrito per tutto l'anno… Il sangue parla di vita e di morte. Ma anche di persistenza della prima dopo la seconda: l'ovvio concetto della famiglia".

Il ritratto della famiglia Gori è il primo di una serie di opere corali che l'artista realizza tra il 2019 e il 2022. Costa aveva sentito parlare della Fattoria di Celle e della sua collezione fin dai tempi all'accademia, rimanendo affascinato dall'esistenza in Italia di un luogo simile a Storm King Art Center[10] dove è avverata la coniugazione tra arte e natura. Arrivando a Celle, intorno al 2018, si imbatte subito nei lavori di Alice Aycock, Robert Morris e Richard Serra, con i quali ha studiato o collaborato per diversi anni sia nell'ambito del Guggenheim Museum sia in studio. Come se due parti della sua esistenza tra Stati Uniti e Italia si fossero ricongiunte in quel luogo, propone a Giuliano Gori di realizzare il ritratto della sua famiglia. Il collezionista accettando aggiunge che sospettava che prima o poi un artista gli avrebbe chiesto di "dare il suo sangue"[11].

Nei ritratti più recenti, l'artista varia le tipologie dei supporti – utilizzando anche per le fotografie il mylar e introducendo il plexiglass. La pluralità dei soggetti, alleggerita del peso visivo precedente, gli ha permesso di sovrapporre fisionomie (*Siblings I*, 2022), intrecciare volti e materie ematiche (*Branciforti Family Portrait*, 2022) e aggiungere dati personali e di realtà – un cappello in *John II*, 2021; un muro in *Riccardo*, 2022 – per arrivare fino all'obliterazione del tratti del volto (*Arturo*, 2022).

Costa porta il lavoro dalla sua originaria veste astratta e quasi scientifica, in una allargata sfera di relazione magica e carnale con i soggetti, dove il sangue si intreccia al sangue, ma anche allo sguardo e al gesto, riconducendo il ritratto, anche quando è doppio o plurimo, a una identità unica eppure composita.

But also of the persistence of the former after the latter: the obvious concept of family."

The portrait of the Gori family is the first in a series of choral works that the artist will create between 2019 and 2022. Costa had heard about Fattoria di Celle and its collection since his time at the academy, being fascinated by the existence in Italy of a place similar to Storm King Art Center[10] where the conjugation of art and nature came true. Arriving in Celle around 2018, he immediately came across the work of Alice Aycock, Robert Morris, and Richard Serra, with whom he studied or collaborated for several years both within the Guggenheim Museum and in the studio. As if two parts of his existence between the United States and Italy had reunited in that place, he proposed to Giuliano Gori to make a portrait of his family. The collector accepting, added that he suspected that sooner or later an artist would ask him to "give his blood."[11]

In more recent portraits, the artist varies the types of supports – using mylar for the photographs and introducing plexiglass. The plurality of subjects, lightened by the previous visual weight, has allowed him to superimpose physiognomies (*Siblings I*, 2022), interweave faces and blood matter (*Branciforti Family Portrait*, 2022) and add personal and reality data – a hat in *John II*, 2021; a wall in *Riccardo*, 2022. Going as far as obliterating facial features (*Arturo*, 2022).

Costa takes the work from its original abstract and almost scientific guise, into a new sphere of magical and carnal relationship with the subjects, where blood is intertwined with blood, but also with the gaze and the gesture, leading the portrait, even when it is double or multiple, to a unique yet composite identity.

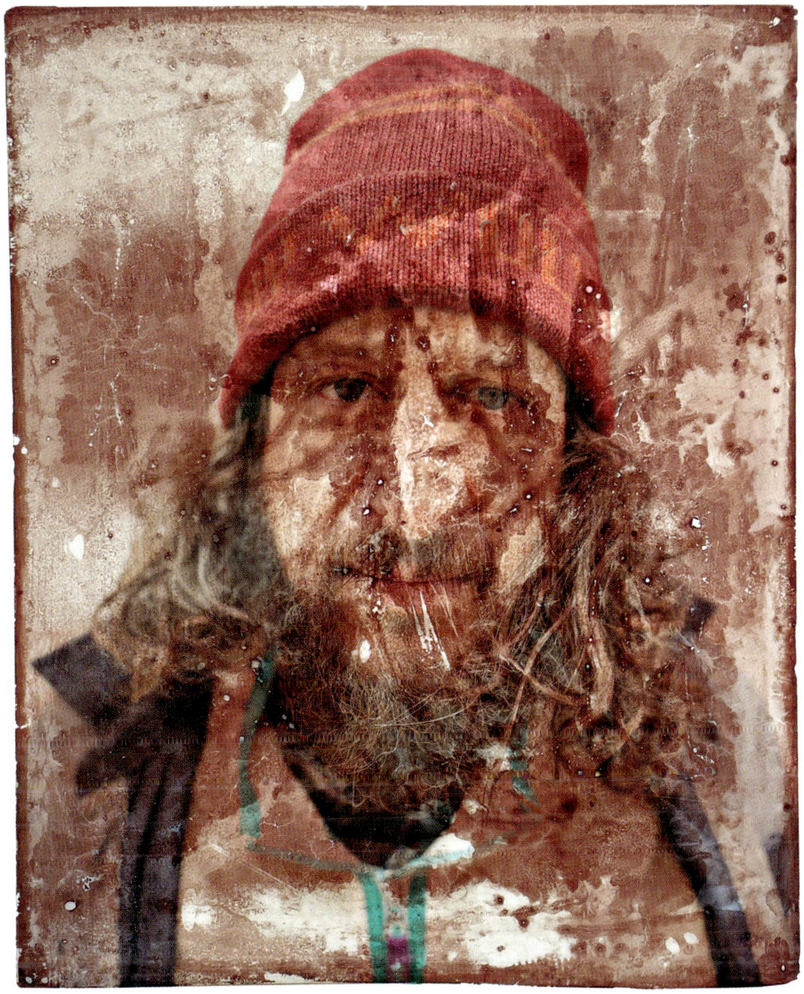

Leo, 2022
Sangue del donatore, mylar, fotografia a colori su plexiglass / The donor's blood, mylar, color photographic print on plexiglass
130 x 106,5 cm
Collezione privata / Private Collection

figure – from his mother Antonia to his friend Garnette, both from 2018 – are kept.

Reflecting on his work, Costa wondered why blood is such a fundamental element for him: "My origins and upbringing in Southern Italy, where as a child I was an altar boy… the mystery of San Gennaro in Naples. Then, family life in Sant'Arsenio, where every January I watched the butchering of the pig that would feed us for the whole year… Blood speaks of life and death.

1 A proposito del grano, Costa ricorda vividamente la presentazione *Wheatfield – A Confrontation* di Agnes Denes, realizzato a Manhattan nel 1982. Il lavoro è un campo coltivato di due acri nell'area giù costosa e urbanizzata della città. L'intento di Denes è quello di creare un paradosso simbolico tra la ricchezza e la povertà, la fame nel mondo e lo spreco, la necessità di un nuovo approccio all'ecologia. Quando Costa ha realizzato *Grace*, 2001, dedicandolo ai morti dell'11 settembre, ha ritrovato anche il senso personale di questa opera realizzata negli stessi luoghi degli attentati e la sua relazione con le memorie private legate al suo arrivo a New York.

2 Curiosamente, nella lista degli artisti in mostra Pietro compare come Peter e non con il suo nome italiano.

3 IATSE è stata fondata nel 1893 a New York quando i rappresentanti dei macchinisti teatrali di undici città si sono sindacalizzati per stabilire salari e condizioni di lavoro più equi per i loro affiliati. Da allora IATSE si è evoluto per abbracciare i nuovi media di intrattenimento, l'artigianato e l'innovazione tecnologica.
Oggi, i membri IATSE lavorano in tutte le forme di teatro dal vivo, produzione cinematografica e televisiva, fiere d'arte e mostre, trasmissioni televisive e concerti, nonché nelle attrezzature e nei negozi di costruzione che supportano tutte queste aree dell'industria dell'intrattenimento.

4 Florina Codreanu, *The Future Present of Art, Between Artistic Experiment and Blood Discourse*, in *Globalization and Intercultural Dialogue. Multidisciplinary Perspectives*, Iulian Boldea (a cura di), Editura Arhipelag XXI, Târgu-Mureș, Romania 2014, pp. 315-321.

5 La prossimità di Costa con il lavoro degli artisti esposti al Guggenheim Museum, ha arricchito la possibilità dei media da lui utilizzati. Se ovviamente il neon si inserisce nel solco della tradizione americana con Dan Flavin e James Turrell, è l'opera di Mario Merz che più lo colpisce. Analogamente, il fuoco utilizzato da Jannis Kounellis dagli anni sessanta, si arricchisce della visione degli altari commemorativi giapponesi, che scopre in un viaggio di accompagnamento di alcune opere del museo a Tokyo, e della suggestione delle grotte di Altamira, dove tracce di fuliggine si sono impresse alle stesse pareti di roccia dove si trovano i famosi dipinti.

6 Costa, dopo l'esperienza al Guggenheim e l'impiego nello studio di Richard Serra, è impegnato nel campo dell'architettura e dello sviluppo immobiliare.

7 Il mylar è un film di poliestere trasparente, flessibile ed eccezionalmente resistente e duraturo, dotato di uno straordinario insieme di proprietà che lo rende adatto a molti impieghi industriali. Offre una grande resistenza alla trazione, agli strappi e agli urti. È inerte all'acqua e resiste al vapore. È inerte e impermeabile agli oli, grassi e composti aromatici volatili. Il mylar conserva tutte queste notevolissime proprietà e resta tenace e flessibile a temperature da -70°C. a più di 150°C. In condizioni normali non diviene fragile con l'invecchiamento. Si ottiene dal polietilentereftalato; il polimero si forma per reazione di condensazione tra glicole etilenico e acido tereftalato.

8 Per continuare la lettura del processo creativo di Costa, segnaliamo: Robert Mahoney, *Between Art and History*, in *Pietro Costa X3*, New York 1993; Albert Mobilio, *Pietro Costa's Bloodworks*, testo inedito, 2000; Rebecca Metzger, *Pietro Costa. Grace*, testo inedito, 2003; Ellen Keiter, *Pietro Costa. Conflicts & War*, 2006. pietrocosta.com/essays-portal

9 Da una conversazione con l'artista, 7 marzo 2022.

10 Storm King Art Center si trova a Windsor nello stato di New York e offre l'esperienza di una collezione di sculture all'aperto dove Costa si è recato in visita per la prima volta nel 1979 per vedere l'opera di Joel Perlman con cui aveva lavorato.

11 L'artista ricorda l'insieme delle relazioni che lo hanno condotto a Giuliano Gori: "La sua visione e la connessione alle arti e ad artisti / amici comuni. Queste mi hanno spinto a pensare al loro ritratto alla maniera della tradizione rinascimentale, quando a essere dipinti erano anche i committenti delle arti".

1 Speaking of wheat, Costa vividly recalls Agnes Denes' presentation *Wheatfield – A Confrontation*, made in Manhattan in 1982. The work is a two-acre cultivated field in the most expensive and urbanized area of the city. Denes' intent is to create a symbolic paradox between wealth and poverty, world hunger and waste, and the need for a new approach to ecology. When Costa made *Grace*, 2001, dedicating it to the dead of September 11, he also found the personal meaning of this work made in the same places of the attacks and its relation to the private memories related to his arrival in New York.

2 Curiously, in the list of artists in the exhibition Pietro appears as Peter and not with his Italian name.

3 IATSE was founded in 1893 in New York City when representatives of theatrical stagehands from eleven cities unionized to establish fairer wages and working conditions for their affiliates. Since then, IATSE has evolved to embrace new entertainment media, craftsmanship, and technological innovation. Today, IATSE members work in all forms of live theater, film and television production, art fairs and exhibitions, television broadcasting and concerts, as well as in the equipment and construction stores that support all of these areas of the entertainment industry.

4 Florina Codreanu, *The future Present of Art, Between Artistic Experiment and Blood Discourse*, in *Globalization and Intercultural Dialogue. Multidisciplinary Perspectives*, Iulian Boldea (ed. by), Editura Arhipelag XXI, 2014, Târgu Mureș, pp. 315-321.

5 Costa's proximity to the work of the artists exhibited at the Guggenheim Museum has enriched the possibility of the media he uses. While neon obviously fits into the American tradition with Dan Flavin and James Turrell, it is the work of Mario Merz that most impresses him. Similarly, the fire used by Jannis Kounellis since the 1960s has been enriched by the vision of Japanese memorial altars, which he discovered on a trip accompanying some of the museum's works to Tokyo, and by the suggestion of the Altamira caves, where traces of soot have imprinted themselves on the very rock walls where the famous paintings are.

6 Costa, after his experience at the Guggenheim and employment in Richard Serra's office, is involved in architecture and real estate development.

7 Mylar is a transparent, flexible and exceptionally strong and durable polyester film with an extraordinary set of properties that make it suitable for many industrial uses. It offers great tensile strength, tear resistance and impact resistance. It is inert to water and resistant to steam. It is inert and impervious to oils, greases and volatile aromatic compounds. Mylar retains all these remarkable properties and remains tough and flexible at temperatures from -70°C to over 150°C. Under normal conditions it does not become brittle with aging. It is obtained from polyethylene terephthalate; the polymer is formed by a condensation reaction between ethylene glycol and terephthalic acid.

8 To continue reading about Costa's creative process, we recommend: Robert Mahoney, *Between Art and History*, in *Pietro Costa X3*, New York 1993; Albert Mobilio, *Pietro Costa's Bloodworks*, unpublished text, 2000; Rebecca Metzger, *Pietro Costa. Grace*, unpublished text, 2003; Ellen Keiter, *Pietro Costa. Conflicts & War*, 2006. pietrocosta.com/essays-portal.

9 From a conversation with the artist, March 7, 2022.

10 Storm King Art Center is located in Windsor in upstate New York that offers the experience of an outdoor sculpture collection where Costa first visited in 1979 to see the work of Joel Perlman with whom he had worked.

11 The artist recalls the set of relationships that led him to Giuliano Gori: "His vision and connection to the arts and to artists/common friends. These prompted me to think about their portraiture in the manner of the Renaissance tradition, when those being painted were also the patrons of the arts."

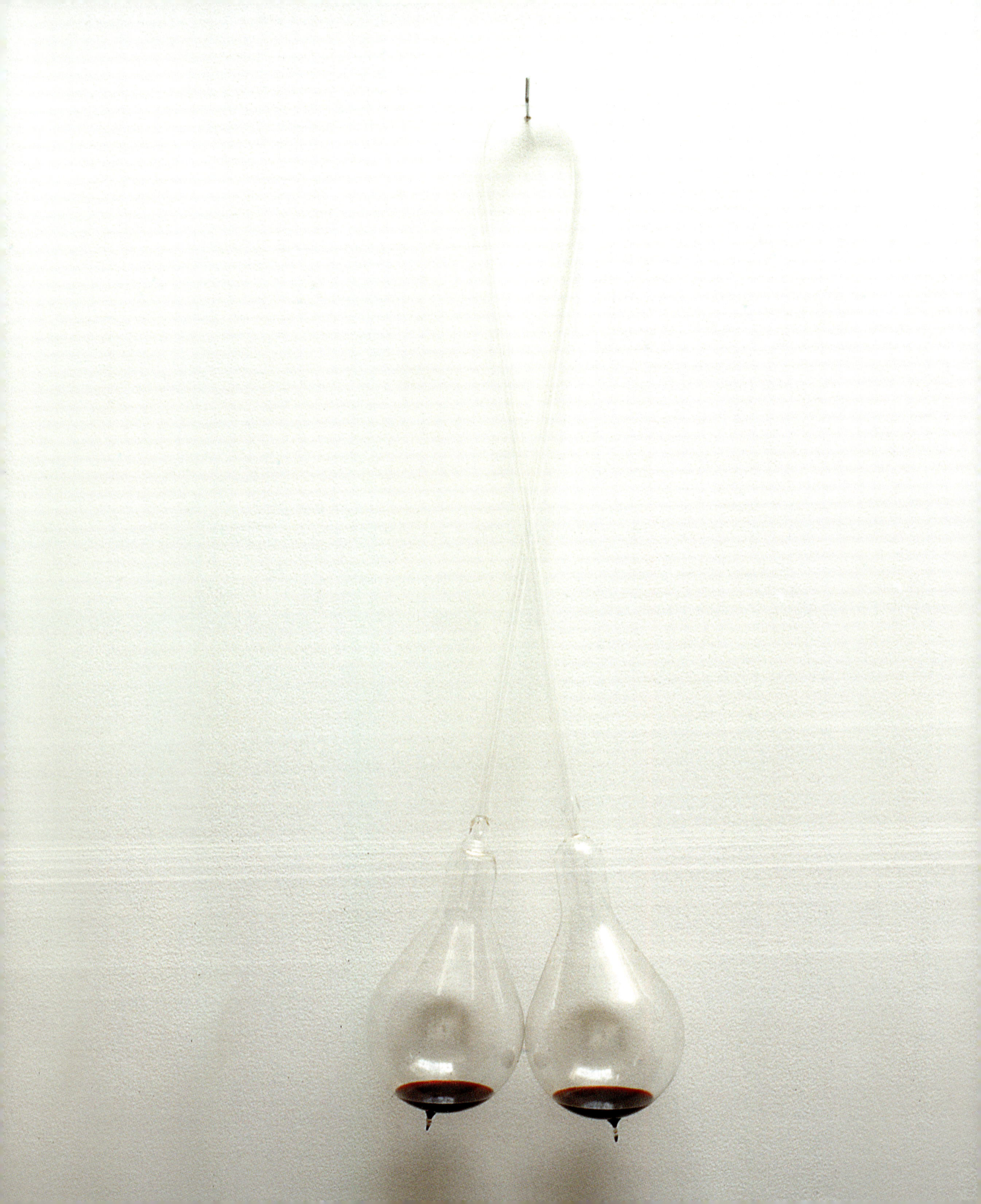

Il significato del sangue*

Robert C. Morgan

Negli ultimi due decenni, l'uso del sangue come materiale artistico ha cambiato direzione. Le connotazioni romantiche associate a esso nel passato, espresse nel film di Cocteau *Il sangue del poeta* hanno iniziato a prendere un'altra piega, una piega dai toni profetici.
L'innocenza associata precedentemente all'iscrizione che il poeta dedica alla dimensione fisica del desiderio ha subito una battuta d'arresto. Il sangue diventa referente non tanto dell'amore né, tantomeno, del desiderio, ma di malattie, rimpianti, tragedie, e lutti.
Nella serie recente di opere basate sul significato letterale di "corpo", Pietro Costa intende traslare il valore profetico del sangue in un altro sistema di riferimento, facendone un uso oggettivo che sia immune alle dietrologie interpretative del suo recente passato. Data la distinzione fatta da Susan Sontag tra la metafora della malattia e i suoi effetti letterali, Costa ha, in un certo senso, ricontestualizzato il mezzo, permettendogli di esistere al di fuori di una retorica politicizzata.
Il suo desiderio è desiderio dettato da costrizioni. In ciascuno dei "disegni" di questa serie, Costa applica una fiala del proprio sangue tra due fogli trasparenti di mylar. Quest'azione costituisce una proposta che si oppone alla politicizzazione del mezzo, sostituendola con il suo potere intrinseco e subdolo.
Allo stesso tempo, rifiuta l'impulso espressionistico come ragion d'essere. Uno può individuare un'affinità con Rothko, ma soltanto in combinazione con le variazioni rese possibili in un disegno orientato al processo creativo.
Invece del carboncino, Costa usa il sangue. Né la politica né la volontà espressiva interferiscono con l'arte di Costa. Semplicemente, egli procede a modellare la superficie, conferendole risonanza da un punto di vista formale, senza entrare nel

The Significance of Blood*

Robert C. Morgan

Over the past two decades, the use of blood as a medium for art-making has taken a different turn. Its former romantic connotations – as expressed in Cocteau's remarkable film, *The Blood of the Poet* – began to move in another direction, a foreboding direction. The previous innocence associated with the poet's inscription given to the "body" of one's desire came to a sudden halt. Blood became a signifier less about love – let alone, desire – but of disease, regret, tragedy, and loss. In his recent series of work – based on the literalness of the "body" – Pietro Costa intends to push this foreboding signifier into another frame of reference, a more objective usage, but one that is exempt from the interpretative strategies that have haunted its recent past. Given Susan Sontag's distinction between the metaphor of illness and its literal effects, Costa has in a certain sense recontextualized the medium by allowing it to exist unaffected by politicized rhetoric. His desire is one of constraint. In each of the "drawings" included in the series, Costa applies a vial of his own blood between two translucent sheets of mylar vellum. His action offers a proposal in opposition to the politicization of the signifier and replaces it again with its more subtle, intrinsic power. Yet, at the same moment, he rejects the expressionistic impulse as raison d'etre. One may detect an affinity with Rothko, but only in combination with the variations made possible in a process-oriented drawing. Instead of charcoal, Costa uses blood. He interjects neither politics nor expression into his craft. He simply proceeds to model the surface, to give it resonance in a formal sense. To process in a formal way does not necessarily lead to a formalist aesthetic. Costa has made certain of this through his choice of medium. He does not need to "load the signifier" with political baggage in that the choice of blood as

formalismo. Costa si è assicurato di ciò tramite la scelta del mezzo. Non ha bisogno di sovraccaricare il referente di un bagaglio politico, nella misura in cui la scelta del sangue come mezzo e materiale serve già automaticamente a questo scopo. Rimanendo neutrale nell'orientamento definitivo del processo creativo – in maniera non dissimile dalle procedure modulari impiegate da Eva Hesse tra il 1966 e il 1969 – Costa è in grado di raggiungere il connubio più attivo con la superficie. Può plasmare senza sentirsi in obbligo nei confronti delle proprie esigenze espressive o del fardello passato di una retorica anti-estetica e logorata dal tempo.
Il tentativo di Costa di rinvigorire il mezzo da lui scelto. Ciò che rappresenta, un materiale comune prelevato dal proprio corpo non nega il passato e la connotazione rituale associata a esso: anzi, mantiene il rituale in uno stato di sospensione.
Fungendo da materiale in relazione all'atto di disegnare, il sangue assume un significato diviso tra l'uso rituale e contemporaneo, tra l'assenza di un referente storico e la sua presenza in qualità di fluido corporeo. Non reca più il peso dell'identità, orientamento sessuale, colonizzazione, o femminismo.

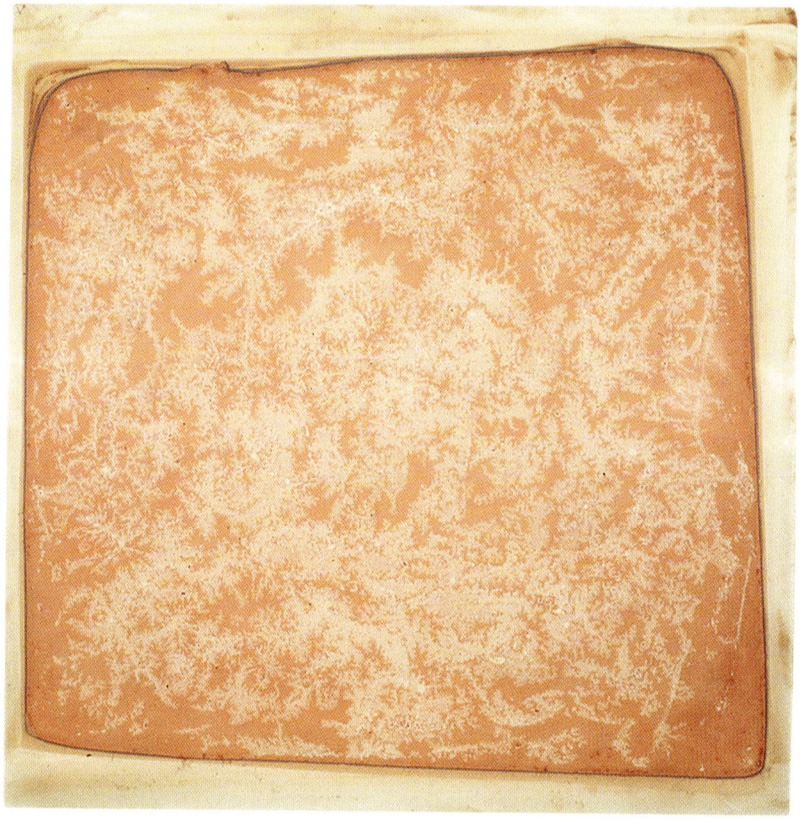

Good Blood / Bad Blood, 1993
Sangue dell'artista, eparina, vetro soffiato, gancio in metallo / The artist's blood, heparin, hand-blown glass, metal hook
85 x 23 x 13 cm
Collezione del Solomon R. Guggenheim Museum / The Solomon R. Guggenheim Museum Collection, New York

021401, 2001
Sangue dell'artista, mylar / The artist's blood, mylar
106,6 x 106,6 cm
Collezione dell'artista / The Artist's Collection

Per secoli, il sangue ha avuto un'elevata connotazione religiosa. I seguaci delle prime sette pagane, come quelle che adoravano Mitra, ponevano molta enfasi sull'immersione del corpo umano in un bacino riempito con il sangue di un animale. In un altro contesto, i cattolici credono da tempo immemore nel concetto di transustanziazione, dove il vino usato per la comunione si trasforma, simbolicamente, nel sangue di Cristo dopo essere stato benedetto da un sacerdote. Uno non può facilmente dimenticare o ignorare l'inferenza simbolica e ritualizzata che trascende la vita quotidiana della gente e conferisce qualche cosa di straordinario alle loro esistenze. In recenti esempi di arte moderna e postmoderna troviamo artisti tra cui la compianta artista Gina Pane, attiva nella sfera della Body Art l'azionista austriaco Hermann Nitsch, l'americana Carolee Schneemann, attiva nella sfera della Performance Art e delle installazioni, e la cinese Wenda Gu, attiva nella Concept Art. Nelle opere di ciascuno di questi artisti, il sangue, visto come mezzo di espressione artistica, ha avuto un ruolo fondamentale. Nel caso di Pane e Nitsch, l'aspetto ritualistico della *performance* è essenziale per quanto riguarda la maniera in cui lo spettatore si relaziona alle loro opere. Mentre la violenza di Pane sul proprio corpo era sistematicamente sottomessa, i gesti palesamente violenti di Nitsch - come la macellazione del bestiame - e altri manierismi espulsivi hanno teso verso il sublime eroico, nel caso di Schneemann, l'opera ha una componente più psicologica in relazione al corpo, ed enfatizza il ruolo della mente non come entità autonoma rispetto al corpo, ma come qualcosa di intrinsecamente legato a esso. In un'opera di vasta scala di Concept Art risalente alla fine degli anni ottanta, Wenda Gu ha chiesto a donne da tutto il mondo di mandarle assorbenti usati per posta, insieme a dichiarazioni riguardo al ciclo mestruale. È interessante come Carolee Schneemann abbia usato prodotti di igiene femminile e sangue mestruale in molte sue opere di Performance Art e installazioni tra gli anni settanta e ottanta.
L'uso che Pietro Costa fa del sangue è netta-

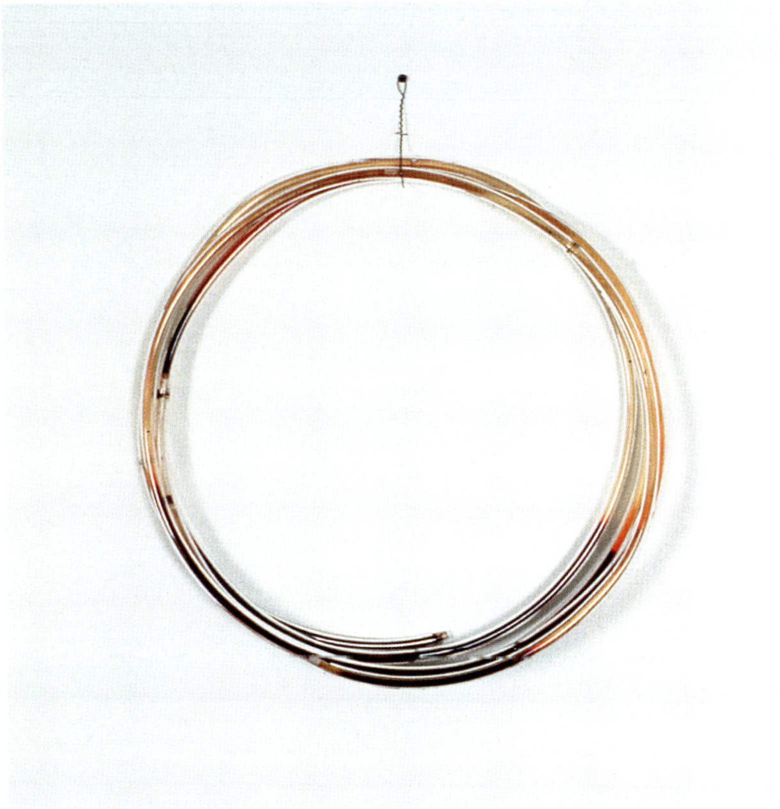

Untitled, 1989
Sangue dell'artista, eparina, vetro soffiato, tubo di plastica, silicone, filo metallico, chiodo /
The artist's blood, heparin, hand blown glass, plastic tube, silicone, metal wire, nail
45 x 45 x 7cm
Collezione dell'artista /
The Artist's Collection

his medium will automatically serve that purpose. By remaining neutral through a definitive process orientation – not unlike some of the modular procedures employed by Eva Hesse between 1966 and 1969 – Costa is able to achieve the most active engagement with the surface. He can "mold" the surface without feeling beholden to either his expressive needs or the past baggage of a time-worn, anti-aesthetic rhetoric. Costa's attempt to reinvigorate his medium, and its signifier, as a common material, taken from his own body, does not deny the ritualized history of blood – rather, it holds the ritual in suspension. By functioning as an artist's medium in relation to the process of drawing, the meaning is divided between ritual and contemporary usage, between the absence of an historical signifier and the presence as a bodily fluid. It no longer carries the weight of identity, sexual preference, colonization, or feminism. For centuries, the medium of blood was given a high religious significance. The followers of early pagan sects, such as those who worshiped Mithra, emphasized the immersion of the body in animal blood. In a different context, Roman Catholics have long adhered to a belief in transubstantiation, where the wine used for communion is symbolically transformed into the blood of Christ upon being blessed by an ordained cleric. One cannot easily forget or ignore the ritualized symbolic inference that transcends the everyday life of people and confers something extraordinary upon their existence. In recent Modern and Postmodern art, we find artists ranging from the late Italian body artist Gina Pane to the Austrian Actionist Hermann Nitsch, from the American performance / installation artist Carolee Schneemann to the Chinese conceptual artist Wenda Gu. In each of these artists' works, the medium blood has played a significant role. For Pane and Nitsch the ritualized aspect of the performance is essential to how one experiences the art. While Pane's violence to her own body was systematically subdued, Nitsch's overtly violent gestures – such as the slaughtering of cattle – and other expulsive mannerisms have tended toward the heroic sublime. With Schneemann the work is more psychological with relation to the body, thus emphasizing the mind not as autonomous from the body but inextricably bound to it. In a large-scale conceptual work from the late 80s, Wenda Gu had women from around the world mail their sanitary napkins to the artist accompanied by statements about menstruation. Interestingly, Carolee Schneemann has used sanitary napkins and menstrual blood in many of her performance and assemblage works from the 70s and 80s. Pietro Costa's use of blood as a medium for his art is different from all of the above. There is nothing overtly violent or symbolic about it. There is no politicized rhetoric. His statement tends towards the relatively "neutral" presence of formal manipulation. But the term "formal" must be reassessed in Costa's work because of the "loaded signifier" of his medium. Just as "the body" is never absent in its signifying potential, so blood as a sustaining part of the body is never absent. What makes Costa's work original is the manner in which he manipulates the blood as a repetitive action between the translucent mylar. His manner is neither ritualized (in the traditional sense) nor self-consciously aesthetic. Costa engages in another type of surface penetration.

mente diverso da quelli sopraelencati. Non c'è niente di apertamente violento o simbolico nella maniera in cui ne fruisce. Non c'è un sottotesto politico. La sua dichiarazione d'artista tende alla presenza relativamente neutrale della manipolazione formale. Nell'opera di Costa, però, il termine "formale" deve essere esaminato nuovamente per via del significante carico di significato inerente al mezzo scelto da lui.

Così come il corpo non manca mai del suo potenziale significativo, così il sangue, come componente che dà sostentamento al corpo, non è mai assente. Ciò che rende originali i lavori di Costa è la maniera in cui egli manipola il sangue in un'azione ripetitiva tra pellicole trasparenti di mylar. I suoi gesti non sono né ritualizzati in senso tradizionale né coscientemente estetizzanti. Costa si accinge a intraprendere un altro tipo di penetrazione del materiale. Nel momento in cui sparge la fiala di sangue su un foglio di pergamena, questo crea trame ubique, suggerendo un tipo di spazio che è sia aperto sia contenuto, una sorta di spazio galattico interiore. La stratificazione di questo fluido prezioso si coagula in una cosmologia di materia fisica, elusiva e diffusa nella propria sostanza e realtà. La tecnica di Costa è parte integrante del suo processo creativo. Il suo intento non ha nulla di arcano. Non c'è nulla di superstizioso né alcuna stranezza simbolica spesso associata al carattere ritualizzato del sangue. Tramite il suo processo, l'opera si evolve in certezza. È un'indagine formale del mezzo in relazione alla superficie, senza soluzione di continuità rispetto al contenuto. Ho asserito che è priva di contenuto simbolico, ma non tutti i contenuti nell'arte sono necessariamente simbolici. È importante fare una distinzione tra l'uso che un artista fa di un soggetto e la maniera in cui il contenuto viene recepito.

Combinato al mezzo materiale (tra cui si annovera anche il materiale emesso dal corpo), il soggetto è più o meno controllabile dall'artista.

Il contenuto, tuttavia, è una questione di estetica, ossia di come l'opera viene recepita.

Costa offre il contesto, la messinscena e una provocazione al livello più subdolo e intrigante, ma il contenuto va al di là del contesto, al di là dell'intenzione, al fine di connettersi con qualcosa di molto più terra-terra al livello di scambio interculturale.

È qui che trovo la potenza dell'opera di Costa. Ci offre un senso di esistenza in un mondo che non è limitato dalle sensazioni false e dal cinismo della cultura popolare. Trasmette un senso di completezza entro la realtà frammentata che ci circonda.

*Questo saggio è stato scritto nel 2001, tradotto e pubblicato per la prima volta in questo libro.

As he spreads the vile of his own blood between the vellum, he is creating patterns in an all-over sense that suggest a type of space that is both contained and open, a kind of interior galactic space. His layering of this precious bodily fluid coagulates into a cosmology of physical matter, both elusive and diffuse in its substance and reality. Costa's technique is integral to his process. His intention involves nothing arcane. There is nothing of the superstitious or symbolic weirdness often associated with the ritualized aspect of blood. Through his process, the work evolves toward certainty. It is a formal investigation of the medium in relation to the surface, but not one that is exempt from content. I have argued that it is exempt from symbolic content, but not all content in art is symbolic. It is important to distinguish between an artist's use of subject matter and the reception of content. Subject matter – when fused with a material medium (including one that emanates from the body) – is more or less within the province of the artist's control. Content, however, is a matter of aesthetics: that is, a matter of how the work is received. Costa provides the set-up, even the provocation on the most subtle and intriguing level, but the content goes well beyond the set-up, beyond the intention in order to connect with something more basic on the level of inter-cultural exchange. This is where I find the power in Costa's work. It gives us the sense of being in a world that is not limited by the fake sensations (and cynicism) of popular culture. It transmits a sense of being whole within the fragmentation that exists around us.

*This essay was written in 2001, translated and published for the first time in this book.

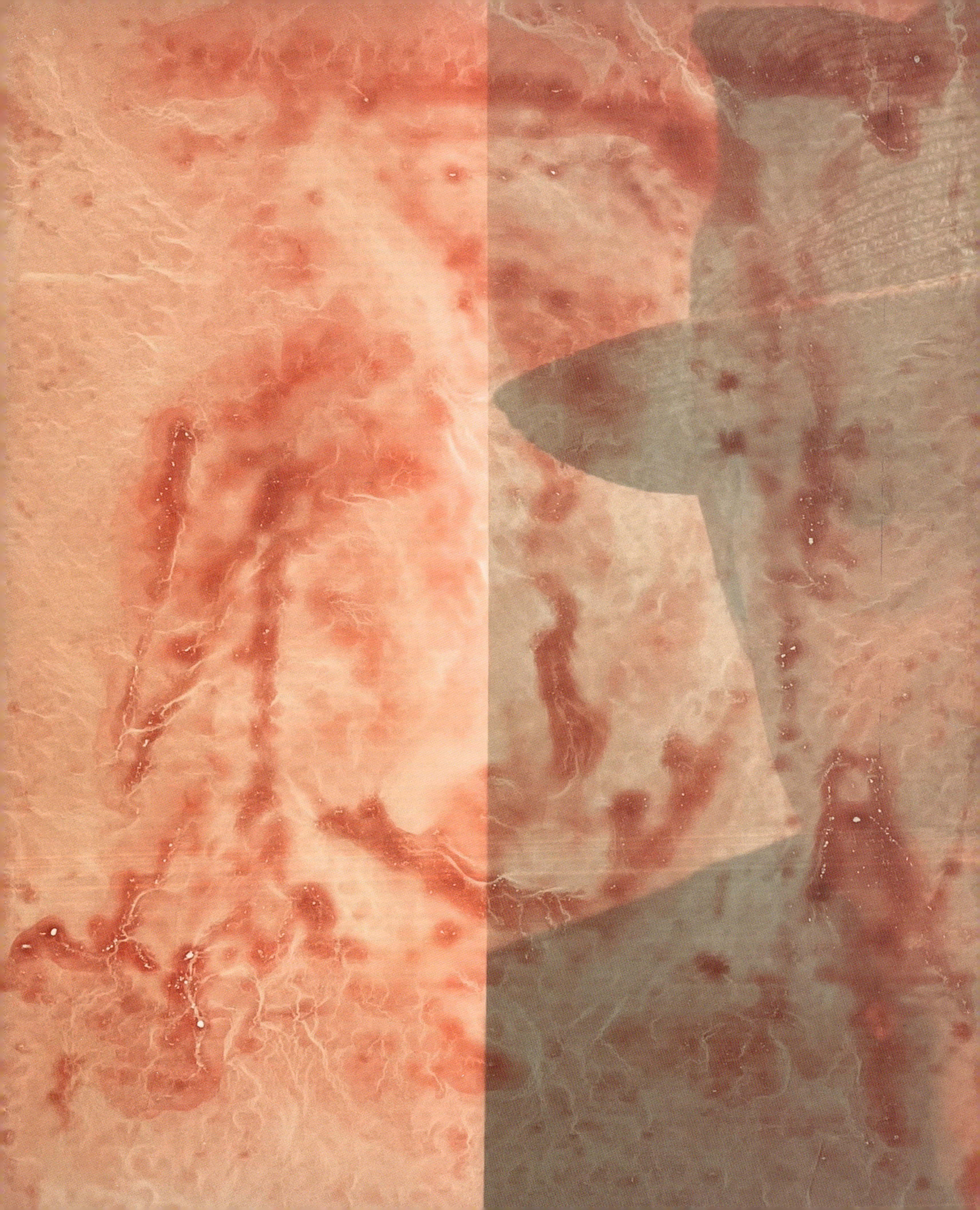

Sangue, macchie di sangue, la scienza dell'emotafonomia e l'arte visiva

Policarp Hortolà*

Arte e Scienza sono, dunque, distinte e insieme congiunte: coincidono per un lato, ch'è il lato estetico. Ogni opera di scienza è insieme opera d'arte. Il lato estetico potrà restare poco avvertito, quando la nostra mente sia tutta presa dallo sforzo d'intendere il pensiero dello scienziato e di esaminarne la verità. Ma non resta più inavvertito quando dall'attività dell'intendere passiamo a quella del contemplare...
(Benedetto Croce, *Estetica come Scienza dell'Espressione e Linguistica Generale*, 1902)

Il termine 'sangue' deriva probabilmente dall'ipotetica radice proto-indo-europea bhel- e due dei suoi significati sarebbero 'prosperare' e 'fiorire'. In senso stretto, 'sangue' si riferisce al tessuto connettivo circolatorio dei vertebrati composto da una sospensione di cellule in un mezzo fluido. La componente cellulare comprende eritrociti o globuli rossi, leucociti o globuli bianchi e trombociti o, nel caso dei mammiferi, piastrine (piccoli frammenti di un tipo speciale di cellule più grandi). Il mezzo liquido è il plasma sanguigno, formato da acqua e al suo interno sali inorganici disciolti, proteine, vitamine, ormoni eccetera. Gli eritrociti sono i corpuscoli più abbondanti nel sangue. Sono stati osservati per la prima volta durante la seconda metà del XVII secolo dai primi microscopisti ottici, come Giovanni Alfonso Borelli, Jan Swammerdam, Marcello Malpighi e Anton van Leeuwenhoek. La forma tipica degli eritrociti dei mammiferi (inclusi quelli umani) è un disco biconcavo (discocito), dovuta dalla mancanza di nucleo nelle cellule. Ciò non vale per la famiglia Camelidae, che ha eritrociti con forma ovale. Altre forme fisiologiche, minori o patologiche, comprendono cellule a forma di goccia, triangolari, falciformi e molte altre. Quando il sangue si secca, gli eritro-

Blood, Bloodstains, The Science of Haemotaphonomy and Visual Art

Policarp Hortolà*

Art and science are, therefore, at once distinct and connected. They coincide in one aspect, the aesthetic aspect. Every scientific work is at the same time a work of art. The aesthetic aspect may remain scarcely noticed when our minds are wholly taken with the effort to understand the thought of a scientific thinker and to check its truth. But it no longer remains unnoticed when, from the activity of understanding, we move to that of contemplating...
(Benedetto Croce, *Estetica come Scienza dell'Espressione e Linguistica Generale*, 1902)

The term 'blood' is probably derived from the hypothetical Proto-Indo-European root *bhel-* and two of its meanings would be 'to thrive' or 'to flower'. In the strictest sense, 'blood' refers to a circulating connective tissue of vertebrates composed of cells in suspension in a fluid medium. The suspended cells are erythrocytes or red blood cells, leukocytes or white blood cells, and thrombocytes or, in the case of mammals, platelets (that are small fragments of a specicial type of large cells). The fluid medium is the blood plasma, which consists of water containing dissolved inorganic salts, proteins, vitamins, hormones, etc. The most abundant blood corpuscles are the erythrocytes. These were first observed during the last half of the 17th century by early optical microscopists, such as Giovanni Alfonso Borelli, Jan Swammerdam, Marcello Malpighi and Anton van Leeuwenhoek. Due to the lack of nucleus, the typical mammalian (including human) erythrocytes are shaped as biconcave discs (*discocytes*). This does not apply to the family Camelidae, where RBCs are oval. Other physiological shapes — which are minor or pathologic — are the burr cells, tear drop cells, helmet cells, horn cells, sickle cells, and many others. As blood

citi dei mammiferi nel plasma possono formare degli aggregati lineari chiamati 'rouleaux' che subiscono una aggregazione secondaria per formare una rete o grumo con configurazione diversa da quella del rouleaux. Inoltre, la perdita di fluido può risultare in un restringimento o cambiamento di forma della cellula. Gran parte delle forme delle macchie di globuli rossi condividono la morfologia con quelle descritte in emotologia. Solo due forme di eritrociti visibili al microscopio a scansione sono formate esclusivamente dal fenomeno di essicazione del sangue. Quindi possono essere considerati come eritrociti con forme caratteristiche delle macchie di sangue (quanto meno per quanto riguarda i mammiferi). Queste forme possono essere descritte come simili alla luna (*hecatocytes*, in relazione all'interazione tra eritrocita e plasma durante l'essicamento), e duplicati negativi (*janocytes*, in relazione all'effetto lasciato dalla matrice sanguinea secca) (Hortolà, 2002). In analisi forense, la presenza di eritrociti in una macchia è considerata prova di presenza di sangue (Fiori, 1962). Da un punto di vista di storico-artistico, il sangue di antilope è stato usato nell'arte rupestre dal popolo di San nel Sud dell'Africa. Da parte loro, Loy et al. (1990) hanno riportato l'uso di sangue umano nelle pitture rupestri risalenti a più di 10000-20000 anni fa dagli aborigeni in Australia e Tasmania, anche se le loro procedure tecniche e le loro conclusioni sono state messe in discussione (Gillespie, 1997).

Considerando che il pigmento rosso può essere facilmente ottenuto dal minerale ematite (ossido di ferro) e che molte sostanze non sanguigne possono essere utilizzate come legante (ad esempio grasso animale, albume d'uovo, resina terpenica eccetera), non sarebbe assurdo pensare che l'uso del sangue nella pittura rupestre avesse un ruolo simbolico o magico piuttosto che un ruolo pratico.

Quando le macchie di sangue essiccate invecchiano, tendono a progredire attraverso una serie di cambiamenti di colore partendo dal rosso, al marrone rossastro e arrivando infine al nero (James, Kish & Sutton, 2005). Nonostante la sequenza di colori sia sempre considerata la stessa, il tempo necessario per questi cambiamenti di colore è molto variabile. Le caratteristiche cromatiche di una macchia di sangue in un determinato passaggio di colore dipendono da una combinazione di fattori che include lo spessore dello strato (fine o spesso), il tipo di substrato (assorbente o no) e il luogo in cui si trova la chiazza (all'interno o all'esterno, sotterrato o no). Gli elementi climatici hanno un ruolo cruciale riguardo alla colorazione di macchie di sangue che si trovano all'aperto. Se la macchia non è sepolta, la luce solare, il vento e la pioggia ne influenzeranno le caratteristiche cromatiche. Al contrario, se la macchia è sotterrata, la composizione e il pH del suolo possono velocizzare o rallentare il cambiamento di colore. È stata anche riportata la presenza di residui sanguigni che conservavano la tipica tonalità rossastra in elementi preistorici dissotterrati (si veda Jones, 2009). Inoltre, la tonalità (chiara o scura) del substrato può influenzare la percezione all'occhio nudo di una macchia molto sottile, rendendola rispettivamente più chiara o più scura su basi chiare o scure. Oltre a esibire generalmente colori dal rosso al marrone rossastro nella serie dei loro cambiamenti cromatici, i possibili colori delle macchie di sangue citati nella letteratura forense comprendono quasi tutta la gamma di colori: verde scuro, verde grigiastro, blu, grigio, bianco grigiastro (e.g. Duncan and Tracey, 1997; Brown, 2001, p. 106; Fisher, 2004, pp. 206–207).

All'inizio degli anni novanta, ho proposto il termine emotafonomia per indicare lo studio delle macchie di sangue, e in particolare dei cambiamenti di aspetto e di dimensioni dei componenti cellulari, così come delle caratteristiche delle loro posizioni e del loro aspetto in funzione della topografia superficiale e della composizione del substrato" (Hortolà, 1992). Da un punto di vista etimologico, il termine emotafonomia – basato sul termine paleontologico "tafonomia" proposto da Efremov (1940) – ha origine dal greco *haima* (αἷμα) per sangue, *taphos* (τάφος) per sepoltura, e *nomos* (νόμος) per legge. L'emotafonomia si occupa della forma delle cellule del sangue nelle macchie di sangue. Questa forma è rivelata quando una macchia di sangue è esaminata al microscopio elettronico a scansione (SEM – Scanning Electron Microscope). Recentemente, il moderno microscopio confocale

alla pagina precedente / on the previous page

John II, 2021
(dettaglio / detail)
Sangue del donatore, mylar, fotografia a colori / The donor's blood, mylar, color photographic print
61 x 69 cm
Collezione privata / Private Collection

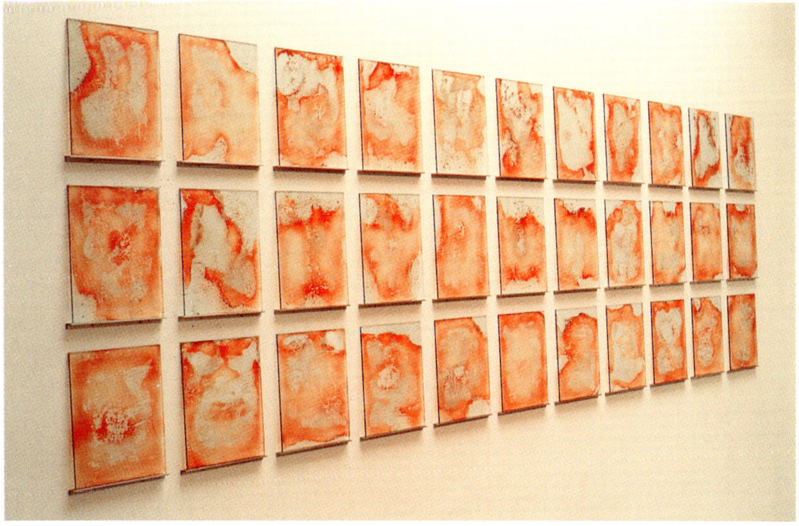

33 Days from my 33rd Birthday, 1993
Sangue dell'artista, il vetro, le mensole in alluminio / The artist's blood, glass, aluminum shelves
150 x 3 x 320 cm
(dimensioni variabili / variable dimensions)
Collezione dell'artista / The Artist's Collection

dries, mammalian erythrocytes in plasma can form linear aggregates called 'rouleaux' that undergo secondary aggregation to form networks, or 'clump' aggregates of configuration different from that of rouleaux. Moreover, erythrocyte fluid leaving can result in either shrinkage and/or shape change of the cell. The largest part of the smear-origin erythrocyte shapes share morphology with those described in haematology. But two erythrocyte shapes visible under the scanning microscope are due specifically to blood drying phenomena. So they can be considered as erythrocyte shapes characteristic of (at least mammalian) bloodstains. These shapes are moon-like shapes or *hecatocytes* (related to erythrocyte-plasma interaction when drying), and negative replicas or *janocytes* (related to imprinting by dried plasma matrix) (Hortolà, 2002). In forensic analysis, the presence of erythrocytes in a smear is considered evidence of blood (Fiori, 1962). From the point of view of art history, eland blood has been secularly used in rock art by the San ('Bushmen') in Southern Africa (Solomon, 1996). For their part, Loy *et al.* (1990) reported the use of human blood in rock art by Aboriginal Australians dating as far back as around 10,000 to 20,000 years ago in the Australian mainland and Tasmania, respectively, although their technical procedures and conclusions were strongly questioned by others (Gillespie, 1997, and references therein). Because red pigment can be easily obtained from the inorganic, iron-oxide haematite, and many non-blood substances can be used as binding agents (animal fat, egg white, terpenic resins, etc.), it is not unreasonable to think that the use of blood in rock art played a symbolic or magical role rather than a practical one.

As dried bloodstains age, they tend to progress through a series of color changes from red to reddish brown and eventually to black (James, Kish & Sutton, 2005). In fact, although this series can be considered correct, the time elapsed for these color changes is very variable. The chromatic features of a bloodstain in a concrete step of the series of its chromatic changes depend on a combination of factors such as smear thickness (thin, thick), substrate type (absorbent, non-absorbent), or spatial placement (indoors, outdoors; buried, unburied). In outdoors bloodstains, environmental factors play a crucial role in their color. If the smear remains unburied, sunlight, wind, and rainfall affect its chromatic features. If the smear is buried, soil characteristics such as its composition and pH can speed up or slow down the color changes. Thus, it has been reported the presence of blood residues retaining a reddish hue on (unearthed) prehistoric implements (e.g. Jones, 2009). Also, the substrate hue (dark, light) can influence the apparent tone that a very thin bloodstain can exhibit to the naked eye, in a way that it can look darker or lighter when, respectively, on darker or lighter substrate. Apart from exhibiting generally red to reddish brown colors in the series of their chromatic changes, the possible bloodstain colors cited in the forensics literature encompasses almost all the range of colors: dark green, grayish green, blue, grey, grayish white (e.g. Duncan and Tracey, 1997; Brown, 2001, p. 106; Fisher, 2004, pp. 206–207).

In the early 1990s, I proposed the term haemotaphonomy to refer to "the study of bloodstains, and especially of the changes in appearance and size of the cellular components, as well as the characteristics of their cell positions and appearance in function of the superficial topography and composition of the substrate" (Hortolà, 1992). From an etymological point of view, the term 'haemotaphonomy' — based on the palaeontological term 'taphonomy' proposed by Efremov (1940) — originates from the Greek *haima* (αἷμα) for blood, *taphos* (τάφος) for burial, and *nomos* (νόμος) for law. Haemotaphonomy

a scansione laser (non elettronico) ha rivelato una possibile alternativa pratica della visualizzazione tramite SEM quando non è richiesto un alto livello di dettagli della superficie (Hortolà, 2020). Le macchie di sangue sono la prova, allo stesso tempo, che qualcosa è successo e di quel che è successo. Qualsiasi cosa accada nel mondo lascia la sua impronta. Lo stesso accade nella vita umana: ogni volta che ci succede qualcosa (buono o cattivo), o ogni volta che facciamo un passo avanti, con i nostri successi e fallimenti, niente è più come prima. Nell'emotafonomia, la biologia forense e l'archeologia preistorica si sovrappongono.

La genesi dell'emotafonomia si trova in due fatti opposti ma necessariamente complementari, che portarono alla sua nascita come scienza: l'ascesa della sierologia forense e la conseguente caduta della microscopia forense delle macchie di sangue. Lo studio microscopico delle macchie di sangue cominciò all'inizio del XIX secolo, un secolo durante il quale l'interesse per la microscopia delle macchie di sangue era al suo massimo. Mateu Orfila, che è considerato il fondatore della moderna tossicologia nel 1813, è stato il primo studioso a tentare di utilizzare un microscopio per valutare le macchie di sangue (Inman & Rudin, 2001, p. 330). In tutta la letteratura criminalistica del XIX e XX secolo, questo esame microscopico aveva il solo scopo di confermare la presenza di sangue o, al massimo, di distinguere tassonomicamente tra sangue di mammiferi e non mammiferi (per esempio, Guy, 1861, p. 264; Fiori, 1962).

I microscopi elettronici a scansione sono gli strumenti più appropriati per lo studio della forma delle cellule sanguigne nelle macchie di sangue, offrendo un nuovo campo di studio, precedentemente impossibile da eseguire, e cioè l'osservazione in situ dettagliata della topografia delle macchie di sangue.

Prima del 1992, sono stati pubblicati pochissimi rapporti sull'uso della microscopia elettronica a scansione su macchie di sangue. Dixon et al. (1976) hanno riportato microanalisi di macchie di sangue tramite la spettroscopia a dispersione di energia a raggi X (EDS - Energy Dispersive Spectroscopy) da una prospettiva forense. Muraoka (1980) ha pubblicato in una rivista forense giapponese uno studio sui cambiamenti morfologici cambiamenti nelle macchie di sangue. E Gramly (1991) ha riportato microanalisi EDS di macchie di sangue nel campo dell'archeologia preistorica. Tuttavia, nessuna di queste ricerche mirava a scoprire quali morfologie cellulari si trovano nelle macchie di sangue e, di conseguenza, queste morfologie sono rimaste non identificate. Così, questa precedente mancanza di interesse nella decifrazione approfondita della forma degli eritrociti nelle macchie di sangue ha aperto la strada alla comparsa di una nuova scienza: la scienza dell'emotafonomia.

Dopo la laurea in scienze biologiche e la lettura di un articolo pubblicato sulla rivista "Science" (Loy, 1983), il mio obiettivo è stato quello di dedicarmi ai residui di sangue antico sugli strumenti di pietra preistorici. Il mio primo scopo era quello di studiare le emoglobine delle specie di mammiferi cacciati dall'uomo durante la preistoria utilizzando i loro schemi di isoelettrofocalizzazione, una tecnica per separare diverse molecole in base alle differenze delle loro cariche elettriche. Ovviamente, per poter studiare le emoglobine antiche – che sono le proteine portatrici di ossigeno dei vertebrati, e si trovano negli eritrociti – questo tipo di molecole deve sopravvivere nel tempo. Ho pensato che la probabilità di sopravvivenza sarebbe stata maggiore se gli eritrociti (portatori

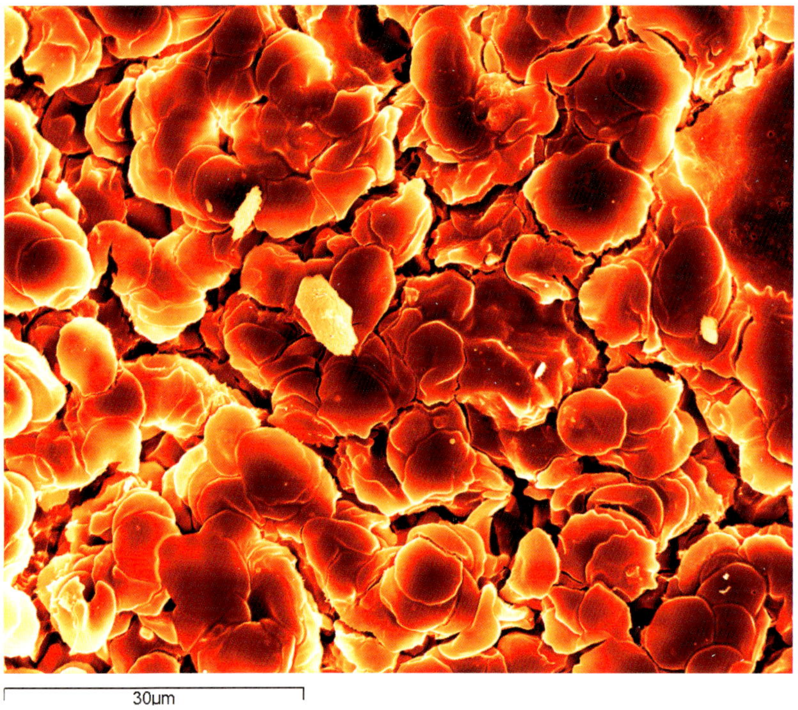

Una micrografia SEM dello striscio di sangue dell'autore su grigio selce (l'immagine è stata pseudocolorata utilizzando il software di acquisizione delle immagini accoppiato al SEM) / An SEM micrograph of the author's blood smear on grey chert (the image was pseudocoloured using the SEM-coupled image-acquiring software).

deals with the shape of the blood cells in bloodstains. This shape is revealed when a bloodstain is examined under a scanning electron microscope (SEM). Recently, the modern (nonelectron, light) confocal laser scanning microscope has revealed a possible practical alternative to SEM imaging when a very-high level of surface detail is not required (Hortolà, 2020). Bloodstains are evidence, at the same time, that something happened and of something that happened. Whatever happens in the world leaves its imprint. The same occurs in human life: every time that something (good or bad) happens to us, or whenever we take a step forward, with our successes and failures, nothing is the same as before. In haemotaphonomy, forensic biology and prehistoric archaeology overlap.

The genesis of haemotaphonomy is found in two opposing but necessarily complementary facts, which led to its birth as a science: the rise of forensic serology and the resulting fall of the forensic microscopy of bloodstains. The microscopic study of bloodstains began in the early 19th century, a century during which interest in the microscopy of bloodstains was at its peak. Mateu Orfila, who is considered to have founded modern toxicology in 1813, is credited as the first scholar to attempt using a microscope to assess bloodstains (Inman & Rudin, 2001, p. 330). Throughout the criminalistic literature of the 19th and 20th centuries, this microscopic examination was only intended to confirm the presence of blood or, at most, to distinguish taxonomically between mammalian and non-mammalian blood (e.g., Guy, 1861, p. 264; Fiori, 1962).

Scanning electron microscopes are the most appropriate instruments in the study of the shape of the blood cells in bloodstains, affording a new field of study, previously impossible to perform, of the in-situ observation of the topography of bloodstains down to their last morphological detail.

Before 1992, very few reports on the use of scanning electron microscopy in bloodstains had been published. Dixon *et al.* (1976) had reported microanalyses of bloodstains via X-ray energy dispersive spectroscopy (EDS) from a forensic perspective. Muraoka (1980) had published in a Japanese forensics journal a study on morphological changes in bloodstains. And Gramly (1991) had reported EDS microanalyses of bloodstains within the field of prehistoric archaeology. Nevertheless, none of this research aimed to discover what cell morphologies are found in bloodstains and, consequently, those morphologies remained unidentified. Thus, this previous lack of interest in the in-depth deciphering of the shape of erythrocytes in bloodstains paved the way for the appearance of a new science: the science of haemotaphonomy.

After graduating in biological sciences and reading a paper published in the journal *Science* (Loy, 1983), my aim was to devote myself to ancient blood residues on prehistoric stone tools. My early purpose was to study the haemoglobins of the species of mammals hunted by humans during prehistory by means of their patterns of isoelectric focusing, a technique for separating different molecules by differences in their electric charges. Obviously, to be able to study ancient haemoglobins — which are the oxygen-carrying proteins of vertebrates, and are located in their erythrocytes — these types of molecules must survive over time. I thought that the probability of survival would be higher if the (haemoglobin-carrying) erythrocytes preserved their morphological integrity without breaking. Although, when I started out, the basic literature on the subject claimed that the erythrocytes in bloodstains break early on, I did not pay much attention to that claim, and preferred to find out for myself. Credulity is the daughter of authority's argument; credibility is the daughter of a tested hypothesis. Accordingly, as a complementary aspect to my studies on ancient blood residues, the first thing that I wanted to find out was the degree of general morphological preservation of erythrocytes in aged bloodstains. On Sunday, 10 December 1989, when I was manufacturing chert tools to be used on the corpses of mammals who had died in the Barcelona Zoo, I obtained my first bloodstain sample to be examined using a scanning electron microscope. This early — and unexpected — sample came from the blood of one of my hands, after a fortuitous slice caused by the cutting edge of the implement that I was knapping at that moment. Three days later, at the zoo, I obtained the first experimental bloodstains, from a peccary and a gazelle. Apart from the fortuitously smeared tool and those used on these medium-sized arti-

di emoglobina) fossero rimasti morfologicamente integri, senza rompersi. Anche se, quando iniziai, la letteratura di base sull'argomento sosteneva che gli eritrociti nelle macchie di sangue si rompono rapidamente, non ho prestato molta attenzione a questa affermazione e ho preferito scoprirlo da solo. La credulità è figlia dell'argomentazione di autorità; la credibilità è figlia di un'ipotesi testata.

Di conseguenza, come aspetto complementare ai miei studi sui residui di sangue antico, la prima cosa che ho voluto scoprire era il grado generale di conservazione morfologica degli eritrociti nelle macchie di sangue invecchiate. La domenica del 10 dicembre 1989, mentre stavo fabbricando degli strumenti di selce da utilizzare sui cadaveri dei mammiferi dello zoo di Barcellona, ottenni il mio primo campione di macchie di sangue da esaminare al microscopio elettronico a scansione. Questo primo – e inaspettato – campione proveniva dal sangue di una delle mie mani, dopo un taglio fortuito causato dal lato tagliente dell'attrezzo che stavo scheggiando in quel momento. Tre giorni dopo, allo zoo, ho ottenuto il primo campione sperimentale di sangue, di un pecari e di una gazzella. A parte l'attrezzo fortuitamente imbrattato e quelli usati su questi artiodattili di medie dimensioni, i restanti strumenti non macchiati sono stati conservati per ulteriori studi, in particolare utilizzando il sangue umano come modello generale per strisci di sangue di mammiferi. Nel corso della mia carriera in emotafonomia, ho spesso usato me stesso come "cavia umana". Inutile dire che anche il sangue di altre persone è stato utilizzato per convalidare i risultati delle mie ricerche. Alcuni mesi dopo le mie prime osservazioni al microscopio elettronico riguardo la conservazione morfologica degli eritrociti nelle macchie di sangue invecchiate, ho cercato ulteriore letteratura per confrontare i miei risultati con quelli di altri ricercatori. Non ho trovato nessuno studio precedente sull'argomento, come si poteva immaginare considerando l'idea diffusa della rapida degradazione degli eritrociti nelle macchie di sangue. Questo mi ha fatto rendere conto che avevo a che fare con un territorio vergine, un campo inesplorato a cui valeva la pena dedicare i miei sforzi scientifici. Ed è quello che ho fatto.

Noi esseri umani – scienziati o no – possiamo fare il nostro lavoro senza pensare a ciò che facciamo. Ma in tal caso il nostro lavoro non sarebbe completo. In fondo, riflettere sulle cose che facciamo è riflettere su come siamo, su noi stessi. La nostra crescita personale, come professionisti o come semplici mortali, dipende sempre dall'oggettivazione della nostra soggettività, della nostra subconscia forza motrice. In altre parole, è chiedersi: "Perché faccio quello che faccio?". Questo è l'unico modo per evitare la contraddizione interna con noi stessi. Altrimenti, saremmo come ciechi che procedono a tentoni, con il pericolo di sbagliare strada a ogni incrocio. Nel nostro caso, se facessimo così, ci sarebbero tante scienze quanti scienziati.

Artisticamente, per le caratteristiche visive dei suoi soggetti di studio (un insieme eterogeneo di eritrociti che appare nelle microfotografie SEM di macchie di sangue), l'emotafonomia è una scienza 'churrigueresca'. E, infine, per il suo metodo di studio (l'analisi delle immagini in chiaroscuro ottenute al SEM), l'emotafonomia è una scienza 'tenebristica'. Così, il churriguerismo e il tenebrismo costituiscono le essenze artistiche visive dell'emotafonomia. Nonostante l'emotafonomia sia una scienza giovane, il suo quadro culturale è barocco. Perché? Vediamo. Il tenebrismo è un'arte pittorica barocca, e il churriguerismo è un'arte architettonica decorativa barocca. Quindi, lo sfondo estetico dell'emotafonomia converge nel quadro culturale barocco. Pertanto, alla luce del suo sfondo estetico dobbiamo concludere che l'emotafonomia è una scienza barocca. In altre parole, se riflettiamo sull'emotafonomia al di là degli stretti limiti del punto di vista scientifico, troviamo che ha un sapore neobarocco.

Ogni scienza ha alla radice una specifica struttura culturale. Conoscere l'estetica di una scienza gioca un ruolo chiave nel decifrare il suo quadro culturale. Anche se il barocchismo o qualunque sia il quadro culturale in cui si inserisce una scienza non dovrebbe influenzare i suoi aspetti tecnici o metodologici, l'individuazione del quadro culturale dell'emotafonomia aiuta a svelare se le scienze contemporanee seguono o meno le tendenze culturali "postmoderne" che seguono le altre sfere dell'attività umana.

Nelle *Lettere Morali a Lucilio* scritte da Seneca intorno al 65 d.C., egli afferma: "Tutta l'arte non

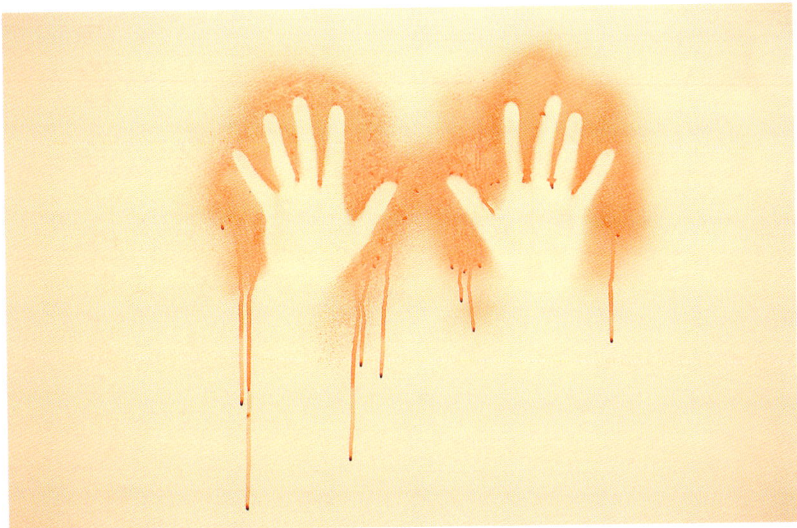

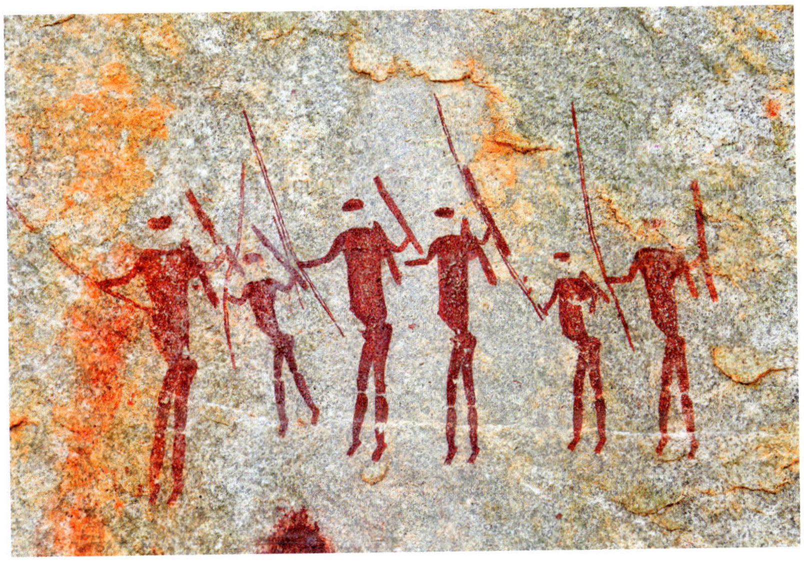

I was here, 1992
Sangue dell'artista spruzzato sulla parete della galleria / The artist's blood sprayed on the wall of the gallery
60 x 50 cm
Collezione dell'artista / The Artist's Collection

Antichi disegni del popolo San nelle rocce al confine tra Mozambico e Zimbabwe / Ancient drawings of the San people in the rocks on the border of Mozambique and Zimbabwe

odactyls, the remaining, unsmeared implements were kept for further studies, specifically using human blood as a general model for mammalian blood smears. Throughout my haemotaphonomy career, I have used myself as a 'human guinea pig' many times. Needless to say, blood from other people has also been used to validate my research results. A few months after my first successful electron microscope observations of the morphological preservation of the erythrocytes in aged bloodstains, I searched for advanced literature to compare my results with those from other researchers. I found no previous studies on the subject, as expected based on the widespread idea of the quick breakdown of the erythrocytes in bloodstains. This made me realize that I was dealing with 'virgin territory', an unexplored field worthy of dedicating my scientific endeavors to. And that is what I did.

We human beings — whether scientists or not — can do our work without thinking about what we do. But then our task is incomplete. In the end, to reflect on the things we do is to reflect on what we are like, on ourselves. Our personal growth, as professionals or as mere mortals, always depends on objectifying our subjectivity, our subconscious driving force. In other words, it is asking oneself "Why do I do what I do?" This is the only way to avoid internal contradiction with ourselves. Otherwise, we would be like blind people groping our way along, in danger of taking a wrong turn at every crossing. In our case, if we did so, there would be as many sciences as scientists.

Artistically, because of the visual characteristics of its subjects of study (a motley erythrocyte ensemble appearing in SEM micrographs of bloodstains), haemotaphonomy is a 'churrigueresque' science. And, finally, because of its method of study (the analysis of images in chiaroscuro obtained via SEM), haemotaphonomy is a 'tenebristic' science. Thus, churriguerism and tenebrism constitute the visual artistic essences of haemotaphonomy. Despite the fact that haemotaphonomy is a young science, its cultural framework is baroque. Why? Let us see. Tenebrism is a Baroque painting art, and the Churrigueresque is a Baroque decorative architectural art. That is to say, the aesthetic background of haemotaphonomy converges into the Baroque cultural framework. Therefore, in the light of its aesthetic background we must conclude that haemotaphonomy is a baroquistic science. In other words, if we reflect on haemotaphonomy beyond the strict limits of the scientific point of view, we find that it has a neobaroque taste.

Each science has a specific underlying cultural framework. Knowing the aesthetics of a science plays a key role in deciphering its own cultural framework. Although baroquism or whatever cultural framework a science fits into should not affect its technical or methodological aspects, the detection of the cultural framework of haemotaphonomy helps to unravel whether or not contemporary sciences follow the current 'postmodern' cultural trends that other spheres of human endeavor do.

In the *Moral Letters to Lucilius* written by Seneca

è che imitazione della natura". Se ciò è vero, ne consegue logicamente che le arti e le scienze naturali hanno punti in comune. Questo è quello che succede con l'emotafonomia e la pittura e la decorazione architettonica. Naturalmente, i parallelismi stilistici artistici visivi che si trovano nell'emotafonomia possono essere rilevati anche in altre realizzazioni umane lontane dalla scienza, come il cinema. Per esempio, basta guardare *The Third Man* (1949) di Carol Reed per scoprire elementi tenebristici, così come *Roma* (1972) di Federico Fellini ci immerge visivamente in ambienti iper-elaborati, simili al churriguerismo. Anche se questo saggio si concentra sull'emotafonomia, un ulteriore interesse di questo lavoro è quello di servire come esempio della procedura di approccio all'estetica di altre scienze al confine con l'arte visiva. Più che mai, molte scienze camminano verso un futuro che probabilmente sarà condiviso con l'arte.

**Policarp Hortolà è un biologo che lavora come ricercatore senior e docente presso l'Università Rovira i Virgili Università (URV), dove è aggregato all'Istituto Catalano di Paleoecologia Umana ed Evoluzione Sociale (IPHES-CERCA). Il campo di competenza del dottor Hortolà è la microscopia elettronica a scansione delle macchie di sangue, materia in cui biologia forense e archeologia preistorica si sovrappongono e che ha sviluppato per più di trent'anni.*

around AD 65, he stated: "All art is but imitation of nature". If this is true, it logically follows that the arts and natural sciences have points in common. This is what happens with haemotaphonomy and painting and architectural decoration. Of course, the visual artistic stylistic parallels found in haemotaphonomy can be also detected in other human achievements far removed from science, such as cinema. For example, one must look no further than Carol Reed's *The Third Man* (1949) to discover tenebristic elements, as well as Federico Fellini's *Roma* (1972) immerses us visually in over-elaborate, churrigueresque-like settings.

Although this essay focuses on haemotaphonomy, an additional interest of this work is to serve as an example of the procedure for approaching the aesthetics of other sciences at the boundary with visual art. More than ever before, many sciences walk towards a future that will probably be shared hand-to-hand with art.

**Policarp Hortolà is a biologist working as a senior researcher and lecturer at Rovira i Virgili University (URV), where he is attached to The Catalan Institute of Human Palaeoecology and Social Evolution (IPHES-CERCA). Dr. Hortolà's field of expertise is the scanning electron microscopy of bloodstains, a subject in which forensic biology and prehistoric archaeology overlap, and one that he has been developing for more than thirty years.*

Brown, M. F., *Criminal Investigation. Law and practice*, 2nd edn., Woburn, MA & Oxford: Butterworth-Heinemann, 2001.

Dixon, T. R., A. V. Samudra, W. D. Stewart Jr. & O. Johari. *A scanning electron microscope study of dried blood, Journal of Forensic Sciences* 21 (4), 1976, pp. 797–803.

Duncan, G. T. & M. L. Tracey, *Serology and DNA typing*, in (W. G. Eckert, Ed.) *Introduction to Forensic Sciences*, 2nd edn., Boca Raton, FL: CRC Press, 1997, pp. 233–293.

Efremov, J. [I.] A., *Taphonomy: new branch of paleontology, Pan American Geologist* 74 (2), 1940, pp. 81–93.

Fiori, A., *Detection and identification of bloodstains*, in (F. Lundquist, Ed.) *Methods of Forensic Science*, vol. 1. New York: John Wiley & Sons, 1962, pp. 243–290.

Fisher, B. A. J., *Techniques of Crime Scene Investigation*, 7th edn., Boca Raton, FL: CRC Press, 2004.

Gillespie, R., *On human blood, rock art and calcium oxalate: further studies on organic carbon content and radiocarbon age of materials relating to Australian rock art, Antiquity* 71 (272), 1997, pp. 430–437.

Gramly, R. M., Blood residues upon tools from the East Wenatchee Clovis site, Douglas County, Washington, *Ohio Archaeologist* 41 (4), 1991, pp. 4–9.

Guy, W. A., *Principles of Forensic Medicine*, 2nd edn., London: Renshaw 1861, [*Google Book Search*. Mountain View, CA. Google, Inc., 2007. Available from Internet at: http://books.google.com/books/pdf/Principles_of_forensic_medicine.pdf?vid=OCLC36308102&id=n0YJAAAAIAAJ&hl=en&output=pdf&sig=ayZTsoDNPk9jx-2kP6wAmFITgYg. Retrieved 12 January 2007].

Hortolà, P., *SEM analysis of red blood cells in aged human bloodstains, Forensic Science International* 55(2), 1992, pp. 139–159.

Hortolà, P., *Red blood cell haemotaphonomy of experimental human bloodstains on technoprehistoric lithic raw materials, Journal of Archaeological Science* 29 (7), 2002, pp. 733–739.

Hortolà, P., *Microscopic imaging of human bloodstains: testing the potential of a confocal laser scanning microscope as an alternative to SEMs. Micron* 130, 2020, 102821 (4 pp.) [Corrigendum in *Micron* 132: 102842 (1 p.), 2020].

Inman, K. & N. Rudin, *Principles and Practice of Criminalistics. The profession of forensic science*. Boca Raton, FL: CRC Press, 2001.

James, S. H., P.E. Kish & T.P. Sutton, *Recognition of bloodstain patterns*, in (S. H. James & J. J. Nordby, Eds.) *Forensic Science. An introduction to scientific and investigative techniques*, 2nd edn. Boca Raton, FL: CRC Press, 2005, pp. 189–216.

Jones, P. J., *A microstratigraphic investigation into the longevity of archaeological residues, Sterkfontein, South Africa*, in (M. Haslam, G. Robertson, A. Crowther, S. Nugent & L. Kirkwood, Eds.) *Archaeological Science under a Microscope. Studies in residue and ancient DNA analysis in honour of Thomas H. Loy*. Canberra: ANU E Press, 2009, pp. 29–46.

Loy, T. H., *Prehistoric blood residues: detection on tool surfaces and identification of species of origin, Science* 220, 1983, pp. 1269–1271.

Loy, T. H., R. Jones, D. E. Nelson, B. Meehan, J. Vogel, J. Southon & R. Cosgrove, Accelerator radiocarbon dating of human blood proteins in pigments from Late Pleistocene art sites in Australia. *Antiquity* 64 (242), 1990, pp. 110–116.

Muraoka, S., *Studies on the blood stains by scanning electron microscopy* [in Japanese, with abstract, plots and captions for figures in English]. *Nihon-Hoigaku-Zasshi* [The Japanese Journal of Legal Medicine] 34 (6), 1980, pp. 605–617.

Solomon, A., *Rock art in Southern Africa, Scientific American* 275 (5), 1996, pp. 106–113.

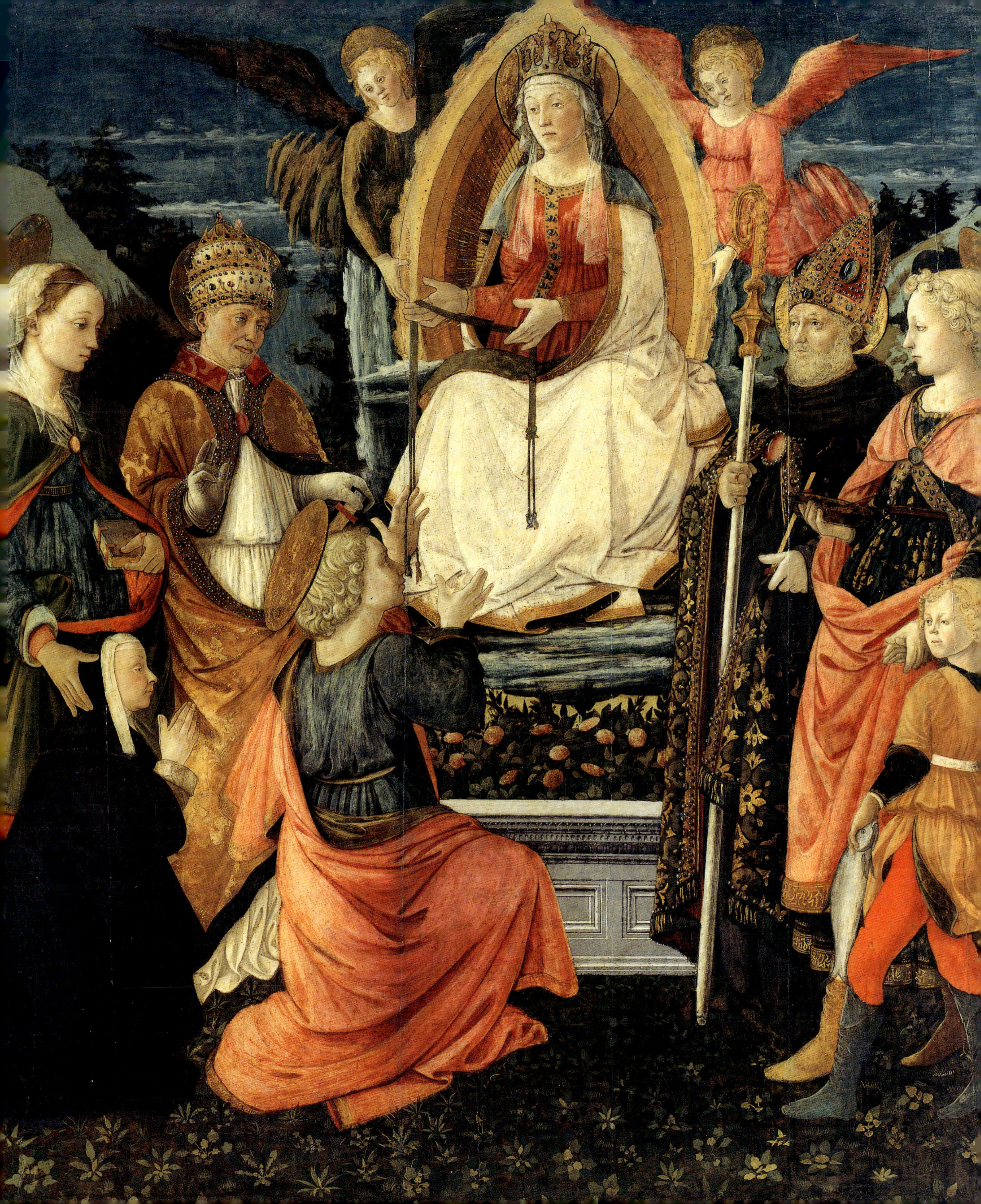

Lucrezia

Rita Iacopino

I numerosi ritratti della collezione comunale narrano storie di uomini e donne vissuti nell'arco di tempo che va dal Trecento al Novecento. Risalgono alla fine del Quattrocento i primi dipinti di illustri pratesi celebrati come benefattori, cui seguirono quelli dei regnanti della famiglia de' Medici e dei Lorena, tutti raccolti nella galleria iconografica del salone del Palazzo Comunale, costituitasi con intenti educativi ed etici[1]. Orgoglio cittadino ed esaltazione di qualità morali e pratiche sono alla base dei tanti ritratti di Francesco di Marco Datini, sempre vestito di rosso, come nell'affresco al piano terra del Pretorio, attribuito a Pietro di Miniato e databile intorno al 1415, appena pochi anni dopo la scomparsa del mercante pratese[2]. Ricordare e celebrare i cittadini che si sono distinti in vari ambiti, contribuendo alla crescita sociale, economica e culturale di Prato, sono peculiarità che hanno attraversato i secoli e connotato la città toscana[3]. Non stupisce dunque che nel Museo di Palazzo Pretorio l'esposizione temporanea */ri.tràt.ti/ /ˈpôr͵trāts/* di Pietro Costa inizi proprio mostrando personaggi di Prato contemporanei, rispolverando quella fierezza tutta pratese di onorare i cittadini che si sono distinti negli ambiti più diversi. Il ritratto fa perdurare la memoria e talvolta rende celebre il soggetto, ne documenta il ruolo nella comunità, gli dà nuova vita, lo rende immortale.

Come è accaduto a Lucrezia. Tuttavia suor Lucrezia Buti non rientra tra i personaggi esposti nel salone del Palazzo Comunale, il suo ritratto è celato nel volto di una santa e la sua storia ha risvolti indecorosi ma profondamente umani.

Tra le opere esposte nel Museo di Palazzo Pretorio, la *Madonna della Cintola con i Santi Margherita, Gregorio, Agostino con l'Arcangelo Raffaele e Tobiolo* dipinta da Filippo Lippi e dalla sua bottega è forse una delle più famose. E non solo perché rappresenta il momento cruciale

Lucrezia

Rita Iacopino

The numerous portraits of the municipal collection tell stories of men and women who lived in the period from the fourteenth to the twentieth century. The first paintings of illustrious Prato citizens celebrated as benefactors date back to the end of the 15th century, followed by those of the rulers of the de' Medici and Lorena families, all collected in the iconographic gallery in the hall of the Palazzo Comunale, established with educational and ethical intentions.[1] Citizen pride and exaltation of moral and practical qualities are the basis of the many portraits of Francesco di Marco Datini, always dressed in red, as in the fresco on the ground floor of the Praetorio, attributed to Pietro di Miniato and dated around 1415, just a few years after the death of the merchant from Prato.[2] Remembering and celebrating citizens who have distinguished themselves in various fields, contributing to the social, economic and cultural growth of Prato, are peculiarities that have crossed the centuries and characterized the Tuscan city[3]. It is not surprising, therefore, that in the Museum of Palazzo Pretorio the temporary exhibition */ri.tràt.ti/ /ˈpôr͵trāts/* by Pietro Costa starts by showing Prato's contemporary characters, dusting off the pride of Prato to honor citizens who have distinguished themselves in different fields. The portrait makes the memory last and sometimes renders the subject famous, documents his/her role in the community, gives him/her new life, makes him/her immortal as it happened to Lucrezia. However, Sister Lucrezia Buti is not among the characters exhibited in the hall of the Palazzo Comunale, her portrait is hidden in the face of a saint and her story has unseemly but profound human implications.

Among the works exhibited in the Museum of Palazzo Pretorio, the *Madonna della Cintola con i Santi Margherita, Gregorio, Agostino con l'Arcangelo Raffaele e Tobiolo (Madonna of the belt with the*

in cui la Madonna dona la cintura a San Tommaso, sintetizzando in un'immagine solenne e dolcissima la storia della reliquia pratese, ma soprattutto perché, tra i personaggi che compaiono, risalta la bellezza senza tempo di Santa Margherita, nella quale Filippo Lippi ritrae la sua Lucrezia[4].

È noto il racconto di Vasari intorno all'amore di fra Filippo Lippi e suor Lucrezia Buti, i quali, proprio durante la festa dell'Ostensione della Sacra Cintola del primo maggio, fuggirono insieme dal Monastero pratese di Santa Margherita[5]. Lui, pittore e cappellano dello stesso convento, e lei, giovane suora, vissero il loro innamoramento durante le pose di questo dipinto, in cui, per espressa volontà del pittore, Lucrezia dette le sembianze alla santa alla quale era dedicato il monastero[6]. L'immaginazione corre a quei momenti in cui il pittore, imprigionando la grazia di Lucrezia nelle fattezze della santa, ne ritraeva i particolari cercando di rendere eterno quel viso, aggraziato e raffinato. Tratti eleganti e umili che raccontano una storia antica, ma infinitamente moderna, quasi scandalosa, di un amore proibito, di una maternità segreta[7]. Quel volto femminile, per la prima volta mostrato nel dipinto pratese, diventerà quasi un'ossessione per Filippo: in altre Madonne che dipingerà in seguito cercherà i suoi tratti, il suo profilo, la sua bellezza e ogni rappresentazione della Vergine non sarà altro che il ritratto di Lucrezia[8]. Amore, abitudine, conoscenza? Non sappiamo quali di questi aspetti lo porti a raffigurare la stessa donna. Romanticamente pensiamo che sia l'amore, ma non è detto. Ciò che colpisce è la modernità del pensiero dell'artista che nelle sue opere alterna brani di evidente rigore realistico e prospettico a momenti di rara inquietudine e di visioni fantasiose, come testimoniano le *Storie di Santo Stefano e San Giovanni Battista*, affrescate nella cappella dell'altare maggiore del duomo di Prato cui si dedicò dal 1453 al 1466[9]. Il suo essere spregiudicato nei sentimenti ci avvicina a questo maestro, pittore del Rinascimento, che vive in prima persona la consapevolezza dell'essere uomo, con le sue contraddizioni, in bilico tra passato e presente. Ma in tutto questo "teatro degli affetti"[10] la certezza per lui, pur essendo uomo di Chiesa, sta nella bellezza di una donna reale che incarna l'umanità di Maria. Non un simbolo, forse un'immagine idealizzata, ma pur sempre vera, nella quale Lippi dà forma all'amore, ogni genere d'amore.

Giunta al Comune di Prato prima del 1848, la tavola, secondo il Vasari, era stata pensata per l'altare maggiore della chiesa del convento agostiniano di Santa Margherita[11]. Fu probabilmente commissionata dalla badessa, Bartolomea de' Bovacchiesi, dipinta in ginocchio mentre viene presentata alla Vergine da Santa Margherita: le due donne sono ritratte dal vivo, a sottolineare la loro esistenza terrena e reale tra i santi riuniti intorno alla Vergine[12]. Anche l'abbigliamento semplice e contenuto dei due personaggi femminili contrasta con lo sfarzo e la preziosità degli abiti di San Gregorio Magno e di Sant'Agostino, rafforzando la cesura tra la terra e il cielo, che solo la Madonna può colmare. L'opera fu dipinta nell'arco di circa dieci anni (1456-1466) e presenta una composizione corale ed equilibrata, la cui esecuzione evidenzia i tocchi di più mani[13]. Le vicende sentimentali e le numerose commissioni ricevute da Lippi determinarono la lunga gestazione dell'opera. Nel 1466 Fra Diamante divenne cappellano del medesimo convento e anche a lui fu richiesto un dipinto da collocare sull'altare maggiore della chiesa[14]. È dunque probabile che la *Madonna della Cintola* non sia mai stata collocata nella chiesa e che sia rimasta invece tra le mura del monastero, magari nascosta o non troppo visibile: una *damnatio memoriae*, dunque, per il dipinto protagonista dello scandalo e testimone di "una grande rilassatezza ne' costumi e nella disciplina" introdotta nel convento[15]. Ma forse le suore, nascondendolo, volevano tutelare un ricordo e mantenerlo vivo, magari tramandando il racconto dell'incontro fra Lucrezia e Filippo e del dipinto che li unì. La storia della cintola, il ricordo dell'evento indecoroso, il realismo delle fattezze della suora e della badessa fanno sì che l'opera sia facilmente riconoscibile e che tocchi le corde più profonde della comunità conventuale. Protetto da sguardi che forse non avrebbero capito, il dipinto, in cui si tramanda visivamente una delle storie più emblematiche di Prato, può essere assimilato a un ritratto di famiglia, come quella delle mona-

Filippo Lippi (Firenze / Florence 1406-Spoleto 1469) e bottega / and workshop
La Madonna assunta che dona la Cintola a San Tommaso, tra san Gregorio, santa Margherita, sant'Agostino, l'Angelo Raffaele e Tobiolo / The Assumed Madonna giving the Belt to St. Thomas, between St. Gregory, St. Margaret, St. Augustine, the Angel Raphael and Tobiolo
(dettaglio / detail)
1456-1466 ca.
Tempera su tavola / Tempera on wood
200 x 207 cm
Inv. 1312
Prato, Museo di Palazzo Pretorio

Saints Margaret, Gregory, Augustine with the Archangel Raphael and Tobiolo) painted by Filippo Lippi and his workshop is perhaps one of the most famous. Not only because it represents the crucial moment in which the Madonna gives the belt to Saint Thomas, synthesizing in a solemn and sweet image the history of the Prato relic, but above all because, among the characters that appear, the timeless beauty of Saint Margaret stands out, in which Filippo Lippi portrays his Lucrezia.[4]

Vasari's story is well known, telling of the love between Fra Filippo Lippi and Sister Lucrezia Buti, who escaped together from the monastery of Santa Margherita in Prato during the feast of the Ostension of the Sacra Cintola on May 1st.[5] He, painter and chaplain of the same convent, and she, a young nun, lived their falling in love during the poses of this painting, in which, for express will of the painter, Lucrezia gave the features to the saint to whom the monastery was dedicated.[6]

The imagination runs to those moments in which the painter, imprisoning the grace of Lucrezia in the features of the saint, portrayed the details trying to make that face eternal, graceful and refined. These elegant and humble traits that tell an ancient story that is infinitely modern, almost scandalous, of a forbidden love and of a secret maternity.[7] That female face, shown for the first time in the painting in Prato, will become almost an obsession for Filippo: in other Madonnas that he will paint later he will look for her features, her profile, her beauty and every representation of the Virgin will be nothing but the portrait of Lucrezia.[8] Love, habit, knowledge? We do not know which of these aspects led him to depict the same woman. Romantically we think it's love, but we don't know. What is striking is the modernity of the artist's thought that in his works alternates pieces of obvious realistic rigor and perspective to moments of rare restlessness and imaginative visions, as depicted in the *Storie di Santo Stefano e San Giovanni Battista* (*Stories of St. Stephen and St. John the Baptist*), frescoed in the chapel of the high altar of the Cathedral of Prato, to which he devoted himself from 1453 to 1466.[9] His unprejudiced feelings bring us closer to this master painter of the Renaissance, who lives in first person, the awareness of being a man, with its contradictions, poised between past and present. But in all this "theater of the affections"[10] the certainty for him, even though he was a man of the church, lies in the beauty of a real woman who embodies the humanity of Mary. Not a symbol, perhaps an idealized image, but still true, in which Lippi gives form to love, every kind of love.

Arriving in the municipality of Prato prior to 1848, the wooden panel, according to Vasari, had been conceived for the high altar of the church of the Augustinian convent of Santa Margherita.[11] It was probably commissioned by the abbess, Bartolomea de' Bovacchiesi, depicted kneeling while being presented to the Madonna by Santa Margherita. The two women are portrayed from life, to underscore their earthly and real existence among the saints gathered around the Virgin.[12] Even the simple and restrained clothing of the two female characters contrasts with the pomp and preciousness of the clothes of Saint Gregory the Great and Saint Augustine, reinforcing the divide between earth and heaven, which only the Madonna can bridge. The work was painted over a period of about ten years (1456-1466) and presents a choral and balanced composition, whose execution highlights the touches of several hands.[13] The sentimental events and the numerous commissions received by Lippi determined the long gestation of the work. In 1466 Fra Diamante became chaplain of the same convent and he too was asked for a painting to be placed on the high altar of the church.[14] It is therefore probable that the *Madonna della Cintola* was never placed in the church and that it remained instead within the walls of the monastery, perhaps hidden or not too visible: a *damnatio memoriae*. Thus, the painting became a protagonist of the scandal and witness of "a great relaxation in customs and discipline" introduced in the convent.[15] But perhaps the nuns, by hiding it, wanted to protect a memory and keep it alive, by passing on the story of the meeting between Lucrezia and Filippo and the painting that united them. The story of the belt, the memory of the unseemly event, the realism of the features of the nun and the abbess make the work easily recognizable and touch the deepest chords of the convent community. Protected from gazes that perhaps would not have understood, the painting, in which one of the most emblematic stories of Prato is visually

che di Santa Margherita o intesa come comunità cittadina riunita intorno alla preziosa cintola mariana, custodita a Prato dal 1173[16]. Il dipinto che ha reso immortale Suor Lucrezia racconta anche questo e lo scandalo che fa da sfondo alla storia si tinge di toni velati.

1 Sull'argomento si veda C. Cerretelli, *Il Palazzo Comunale di Prato*, Roma 2010, pp. 96-99, con bibliografia precedente; R. Iacopino, *La Galleria, 1858-2018*, Prato 2018, pp. n.nn.

2 Francesco di Marco Datini muore nel 1410 e la tomba con la sua effigie è ancora visibile nella chiesa di San Francesco a Prato. Sull'argomento si veda M.P. Mannini, *Per una rilettura critica della tavola: l'anima, lo corpo, l'avere*, in *L'immagine ritrovata. La Trinità dei coniugi Datini*, a cura di M.P. Mannini, C. Gnoni Mavarelli, Firenze 2010, pp. 17-26; R. Iacopino, *La Cintola, il Palazzo Pretorio e alcune opere delle collezioni comunali*, in *Legati da una cintola. L'Assunta di Bernardo Daddi e l'identità di una città*, catalogo della mostra (Prato, Palazzo Pretorio, 8 settembre 2017 - 14 gennaio 2018) a cura di A. De Marchi, C. Gnoni Mavarelli, Firenze 2017, pp. 89-90.

3 Le radici storiche che sono alla base "della costruzione condivisa della *civitas*, cardine dell'appartenenza comunitaria e della memoria collettiva" sono messe a fuoco in A. Luongo, P. Nanni, *Prato, i pratesi e gli enti assistenziali. Ricerche sugli Ospedali e sui Ceppi tra XIII e XV secolo*, Pisa 2020, pp. 13-39.

4 Sulla storia della tavola si veda G. Fattorini, in *Da Donatello a Lippi. Officina pratese*, catalogo della mostra (Prato, Palazzo Pretorio, 13 settembre 2013 - 13 gennaio 2014) a cura di A. De Marchi, C. Gnoni Mavarelli, Milano 2013, pp. 202-205, scheda n. 6.2 con bibliografia precedente e R. Iacopino, in *Legati da una cintola…, op. cit.*, pp. 180-181, scheda n. 29.

5 G. Vasari, *Le vite de' più eccellenti pittori, scultori ed architetti, pubblicate per cura di una società di amatori dell'arti belle*, Firenze 1848, vol. IV., pp. 121-122; C. Fabbri, *Nuovi documenti pratesi su Lippi padre e figlio*, in *Officina Pratese. Tecnica, stile, storia*, a cura di P. Benassai, M. Ciatti, A. De Marchi, C. Gnoni Mavarelli, I. Lapi Ballerini, Pisa 2014, pp. 351-366.

6 C. Fabbri, *op. cit.*, pp. 352-353.

7 Dall'unione di Filippo e Lucrezia nacquero Filippino e Alessandra. Filippino, allievo e amico di Sandro Botticelli, diverrà uno dei pittori più sensibili e raffinati del suo tempo. Tra le tante pubblicazioni sull'argomento, segnalo *Filippino Lippi. Un bellissimo ingegno*, catalogo della mostra (Prato, Antiche Stanze di Santa Caterina, 8 maggio - 25 luglio 2004) a cura di M. P. Mannini, Milano-Firenze 2004; *Filippino Lippi e Sandro Botticelli nella Firenze del '400*, catalogo della mostra (Roma, Scuderie del Quirinale, 5 ottobre 2011 - 15 gennaio 2016) a cura di A. Cecchi, Milano 2011; A. Cecchi, *Filippino a Prato*, in *Da Donatello a Lippi… op. cit.*, Milano 2013, pp. 83-95.

8 Nel Museo di Palazzo Pretorio è conservata un'altra opera in cui Lippi ricorda Lucrezia nei tratti della Madonna, si tratta della *Natività con i Santi Giorgio e Vincenzo Ferrer*, dipinta per la chiesa di San Domenico con l'aiuto della bottega negli anni 1465-67. La *Madonna col Bambino e due angeli*, meglio conosciuta come "Lippina", conservata alle Gallerie degli Uffizi, è tradizionalmente riferita a Lucrezia e nel Bambino si vuole vedere il figlio, Filippino (Inventario 1890 n. 1598)

9 Sugli affreschi si veda K. Christiansen, *Filippo Lippi: "il più singolare maestro del tempo suo"*, in *Da Donatello a Lippi…, op. cit.*, pp. 32-55.

10 A. De Marchi, *Genius Loci: Paolo Uccello e Filippo Lippi per Prato o il teatro degli affetti*, in *Da Donatello a Lippi…, op. cit.*, pp. 17-29.

11 L'opera era destinata all'altare maggiore della chiesa e già nel 1848 era conservata in una stanza della residenza del magistrato civico. G. Vasari, *Le vite…, op. cit.*, pp. 11, 130, nota 1. Sulla soppressione del Monastero di Santa Margherita si veda R. Fantappiè, *Il Bel Prato*, Firenze 1984, vol. I, p. 282.

12 A sottolineare la propensione del pittore verso il ritratto dal vivo, ricordo che anche nella *Pala del Ceppo*, conservata nel Museo di Palazzo Pretorio e dipinta negli anni 1452-1453 per il cortile del Palazzo Datini, Lippi ha ritratto dal vero i "Buonomini", che il mercante pratese presenta alla Madonna: si tratta dei governatori della Confraternita del Ceppo, che in parte finanziò gli affreschi nel duomo di Prato e pertanto conosciuti dal pittore. M. Ciatti, in *Il Museo Civico di Prato*, a cura di M.P. Mannini, Prato 1990, pp. 79-80, scheda n. 15; C. Filippini, *Gli affreschi e le tavole per Prato*, in *I Lippi a Prato*, Prato 1994, p. 35.

13 L'opera rileva la presenza di Fra Diamante (Diamante di Feo), assiduo collaboratore di Filippo, nelle figure di San Gregorio Magno, di Sant'Agostino e i Tobiolo, ma non è esclusa la partecipazione al dipinto di altri collaboratori di Filippo. R. Iacopino, in *Legati da una cintola…, op. cit.*, pp. 180-181, scheda n. 29.

14 C. Fabbri, *op. cit.*, p. 360.

15 G. Milanesi, *Commentario alla vita di Fra Filippo Lippi*, in *Le vite de' più eccellenti pittori, scultori ed architetti scritte da Giorgio Vasari con nuove annotazioni e commenti*, Firenze 1878, vol. II, p. 636.

16 Donata dalla Madonna all'apostolo Tommaso al momento dell'ascesa al cielo, la cintura o *cintola* giunse a Prato nel 1141 con il pratese Michele di ritorno dalla Palestina. Dopo averla custodita gelosamente, Michele sul punto di morte la donò a tutta la città. Simbolo dell'identità cittadina, tuttora la cintura, che si presenta come una striscia di 87 cm. di lana caprina verde, con fili dorati, è custodita nell'altare della cappella del Sacro Cingolo della cattedrale di Prato. Normalmente viene mostrata alla città cinque volte all'anno: il giorno di Pasqua, il primo maggio, il 15 agosto, l'8 settembre e il giorno di Natale.

handed down, can be assimilated to a family portrait, such as that of the nuns of Santa Margherita or understood as the city community gathered around the precious Marian belt, kept in Prato since 1173.[16] The painting that made Sister Lucrezia immortal also tells of this and the story of the scandal masks itself with veiled tones as the story's background.

1 On the subject see C. Cerretelli, *Il Palazzo Comunale di Prato*, Rome 2010, pp. 96-99, with previous bibliography; R. Iacopino, *La Galleria*, 1858-2018, Prato 2018, pp. N.nn.

2 Francesco di Marco Datini died in 1410 and the tomb with his effigy is still visible in the Church of San Francesco in Prato. On the subject see M.P. Mannini, *Per una rilettura critica della tavola: l'anima, lo corpo, l'avere, in L'immagine ritrovata. La Trinità dei coniugi Datini*, edited by M. P. Mannini, C. Gnoni Mavarelli, Florence 2010, pp. 17-26; R. Iacopino, *La Cintola, il Palazzo Pretorio e alcune opere delle collezioni comunali, in Legati da una cintola. L'Assunta di Bernardo Daddi e l'identità di una città*, exhibition catalog (Prato, Palazzo Pretorio, 8 September 2017 - 14 January 2018) edited by A. De Marchi, C. Gnoni Mavarelli, Florence 2017, pp. 89-90.

3 The historical roots at the basis of "the shared construction of civitas, the cornerstone of community belonging and collective memory" are brought into focus in A. Luongo, P. Nanni. Luongo, P. Nanni, Prato, *i pratesi e gli enti assistenziali. Ricerche sugli Ospedali e sui Ceppi tra XIII e XV secolo*, Pisa 2020, pp. 13-39.

4 On the history of the table see G. Fattorini, in *Da Donatello a Lippi. Officina pratese*, exhibition catalog (Prato, Palazzo Pretorio, 13 September 2013 - 13 January 2014) edited by A. De Marchi, C. Gnoni Mavarelli, Milan 2013, pp. 202-205, card n. 6.2 with previous bibliography and R. Iacopino, in *Legati da una cintola..., op. cit.*, pp. 180-181, card n. 29.

5 G. Vasari, *Le vite de' più eccellenti pittori, scultori ed architetti, pubblicate per cura di una società di amatori dell'arti belle*, Firenze 1848, vol. IV, pp. 121-122; C. Fabbri, *Nuovi documenti pratesi su Lippi padre e figlio, in Officina Pratese. Tecnica, stile, storia*, edited by P. Benassai, M. Ciatti, A. De Marchi, C. Gnoni Mavarelli, I. Lapi Ballerini, Pisa 2014, pp. 351-366.

6 C. Fabbri, *op. cit.*, pp. 352-353

7 From the union of Filippo and Lucrezia were born Filippino and Alessandra. Filippino, student and friend of Sandro Botticelli, will become one of the most sensitive and refined painters of his time. Among the many publications on the subject, I recommend *Filippino Lippi. Un bellissimo ingegno*, exhibition catalog (Prato, Antiche Stanze di Santa Caterina, 8 May - 25 July 2004) edited by M. P. Mannini, Milan-Florence 2004; *Filippino Lippi e Sandro Botticelli nella Firenze del '400*, exhibition catalog (Rome, Scuderie del Quirinale , 5 October 2011 - 15 January 2016) edited by A. Cecchi, Milan 2011; A. Cecchi, *Filippino a Prato, in Da Donatello a Lippi... op. cit.*, Milan 2013, pp. 83-95.

8 In the Museum of Palazzo Pretorio is preserved another work in which Lippi recalls Lucrezia in the features of the Madonna, it is the *Natività con i Santi Giorgio e Vincenzo Ferrer*, painted for the Church of San Domenico with the help of the workshop in the years 1465-67. *La Madonna col Bambino e due angeli*, better known as "Lippina", preserved at the Uffizi Galleries, is traditionally referred to Lucrezia and in the Child is wanted to see her son, Filippino (Inventory 1890 n. 1598)

9 On the frescoes, see K. Christiansen, *Filippo Lippi: "il più singolare maestro del tempo suo"*, in *Da Donatello a Lippi..., op. cit.*, pp. 32-55.

10 A. De Marchi, *Genius Loci: Paolo Uccello e Filippo Lippi per Prato o il teatro degli affetti, in Da Donatello a Lippi..., op. cit.*, pp. 17-29.

11 The work was destined for the high altar of the church and already in 1848 was kept in a room of the residence of the civic magistrate. G. Vasari, *Le vite..., op. cit.*, pp. 11, 130, note 1. On the suppression of the Monastery of Santa Margherita see R. Fantappiè, *Il Bel Prato*, Florence 1984, vol. I, p. 282.

12 To underline the painter's propensity for portraits from life, I recall that also in the *Pala del Ceppo*, conserved in the Museum of Palazzo Pretorio and painted in the years 1452-1453 for the courtyard of Palazzo Datini, Lippi portrayed from life the "Buonomini", whom the Prato merchant presented to the Madonna: these were the governors of the Confraternity of Ceppo, which partly financed the frescoes in the Cathedral of Prato and therefore were known to the painter. M. Ciatti, in *Il Museo Civico di Prato*, edited by M. P. Mannini, Prato 1990, pp. 79-80, card n. 15; C. Filippini, *Gli affreschi e le tavole per Prato*, in *I Lippi a Prato*, Prato 1994, p. 35.

13 The work reveals the presence of Fra Diamante (Diamante di Feo), a regular collaborator of Filippo, in the figures of San Gregorio Magno, Sant'Agostino and the Tobiolo, but the participation in the painting of other collaborators of Filippo is not excluded. R. Iacopino, in *Legati da una cintola..., op. cit.*, pp. 180-181, card n. 29

14 C. Fabbri, *op. cit.*, p. 360.

15 G. Milanesi, *Commentario alla vita di Fra Filippo Lippi*, in *Le vite de' più eccellenti pittori, scultori ed architetti scritte da Giorgio Vasari con nuove annotazioni e commenti*, Florence 1878, vol. II, p. 636.

16 Gifted by Our Lady to the apostle Thomas at the moment of his ascent to heaven, the belt or *Cintola* arrived in Prato in 1141 with Michael from Prato on his return from Palestine. After having jealously guarded it, Michael on the point of death gave it to the whole city. A symbol of the city's identity, the belt, which takes the form of an 87 cm strip of green goat's wool with golden threads, is still kept in the altar of the Chapel of the Sacred Girdle of Prato Cathedral. It is normally shown to the city five times a year: on Easter Sunday, May 1st, August 15th, September 8th and Christmas Day.

Avvertenza / Note to the Reader
Nella sezione *Opere* è presentata la selezione dei ritratti dal 2001 a oggi. Talora, è presente una citazione dell'artista.
Le opere segnalate con un asterisco (*) sono esposte al Museo di Palazzo Pretorio. In mostra è anche inclusa: *Carlo*, 2022 (sangue del donatore, mylar, stampa fotografia su mylar, 120 x 80 cm) che non è riprodotta nel libro perché terminata a Prato.

In the *Works* section are presented selected portraits since 2001. Sometimes, the artist's quote is presented.
Works marked with an asterisk (*) are exhibited at the Museum of Palazzo Pretorio. Also included in the exhibition: *Carlo*, 2022 (blood of the donor, mylar, photographic print on mylar, 120 x 80 cm) which is not reproduced in the book because it was finished in Prato.

OPERE / WORKS

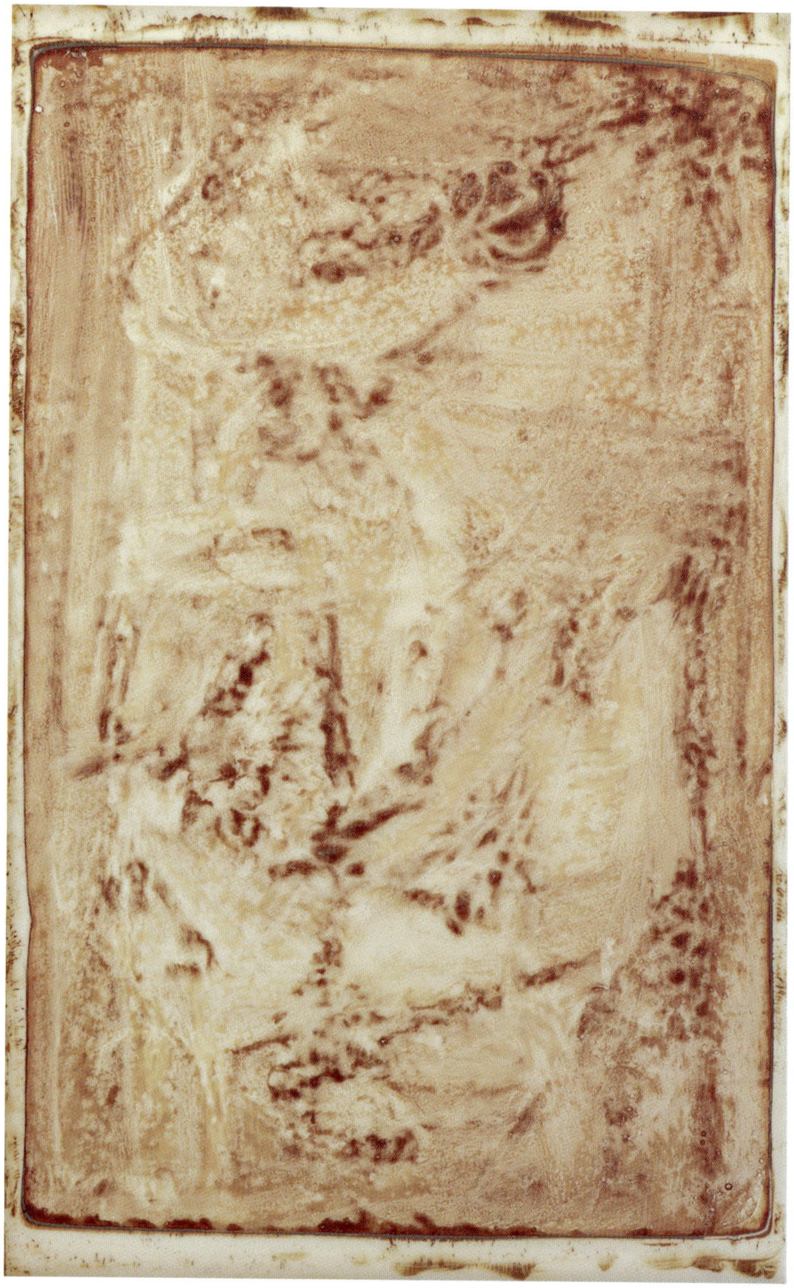

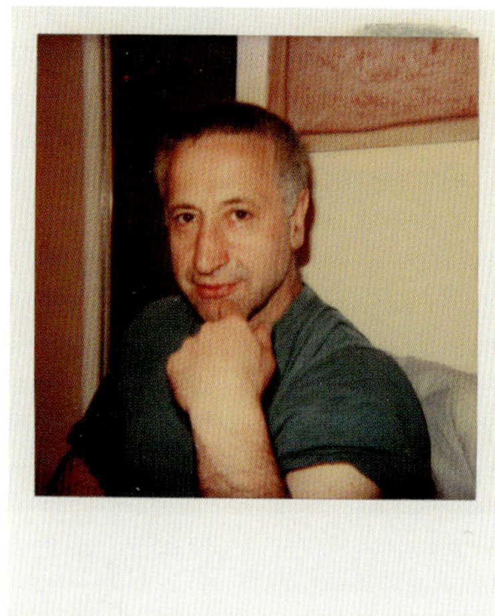

Walter, 2001
Sangue del donatore, mylar,
polaroid a colori /
The donor's blood, mylar,
color polaroid
132 x 81 cm, 10,7 x 8,8 cm
(polaroid)
Collezione privata /
Private Collection

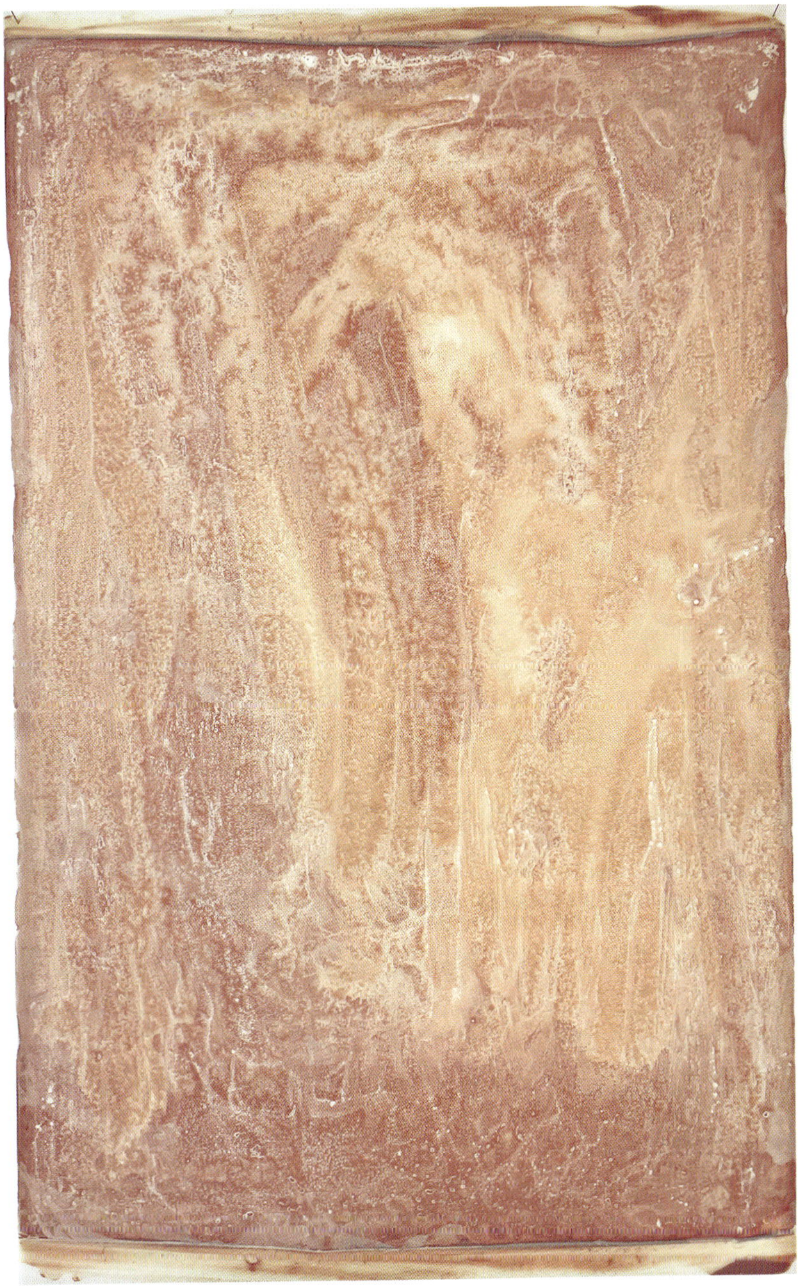

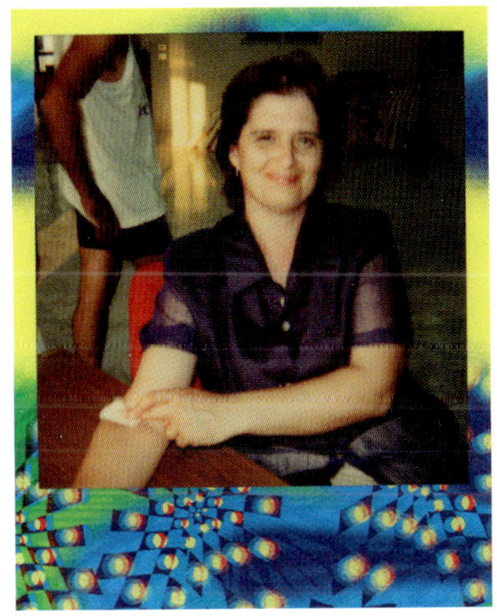

Agnese, 2003
Sangue del donatore, mylar, polaroid a colori /
The donor's blood, mylar, color polaroid
132 x 81 cm, 10,7 x 8,8 cm (polaroid)
Collezione privata /
Private Collection

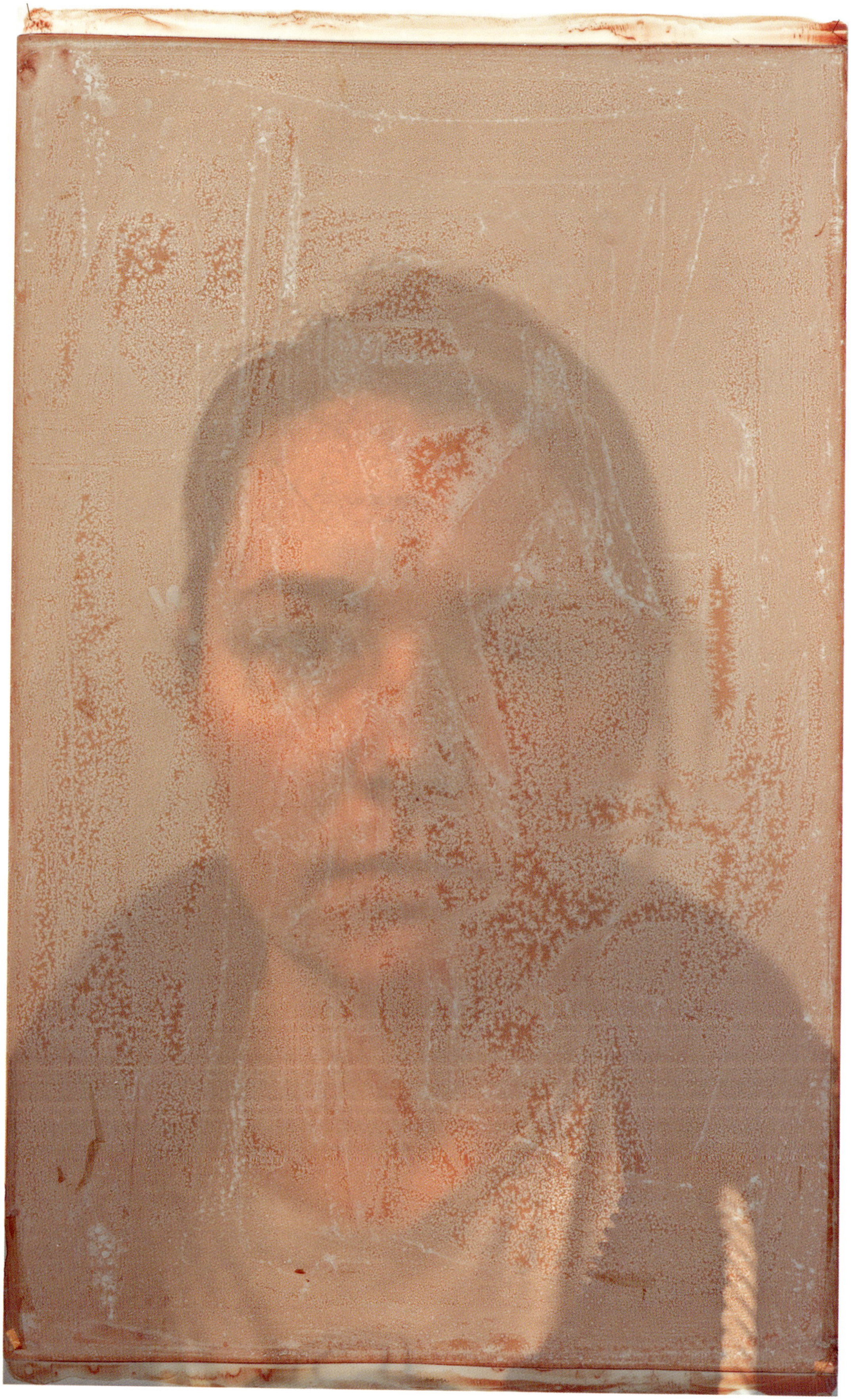

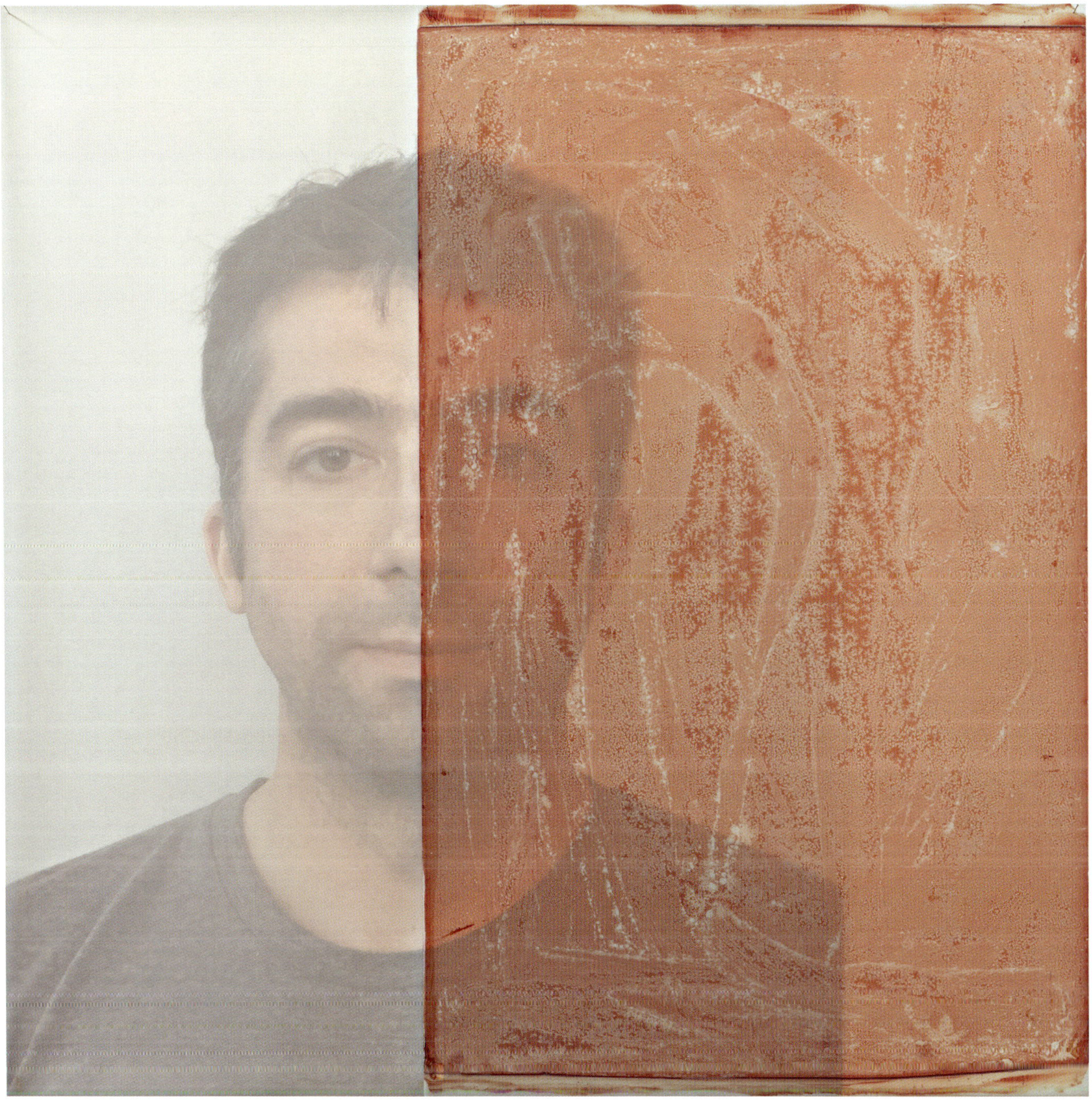

Jordan, 2016
Sangue del donatore, mylar /
The donor's blood, mylar
132 x 81 cm
Collezione privata /
Private Collection

Forrest, 2016
Sangue del donatore, mylar /
The donor's blood, mylar
132 x 121,5 cm
Collezione privata /
Private Collection

Il sangue è una sostanza unica. Da un punto di vista scientifico è considerato un "tessuto connettivo vivente", costituito da diverse parti indipendenti che abitano una matrice fluida, ossia il plasma.
Il sangue "rimane in vita" fuori dal corpo per un tempo prolungato, che dipende anche dalle condizioni ambientali alle quali è soggetto. Nel corpo è portatore di vita poiché trasporta ossigeno (globuli rossi) a ogni cellula; combatte le malattie (globuli bianchi) attaccando virus e infezioni batteriche ed è programmato per difenderci da perdite ematiche – tramite le piastrine – coagulandosi intorno a una ferita che perfora il nostro "involucro" corporeo.
Durante i miei esperimenti, ho notato che la componente di autodifesa del sangue lo fa asciugare quasi istantaneamente una volta esposto all'aria, rendendone impossibile il suo utilizzo come medium pittorico o scultoreo. Questo mi ha portato ad adattarne l'uso alla sua natura e a lasciare che sia il materiale stesso a cambiare attivamente le mie opere.

Blood is a unique substance. Scientifically it is considered as a "living connective tissue" made of several independent parts that inhabit a fluid matrix – plasma. Blood "stays alive" outside the body for an extended period of time, depending on the environmental conditions it is subjected to. In the body, it supports life by carrying oxygen (red blood cells) around to every cell, it fights diseases (white blood cells) by attacking viruses and bacterial intrusions and it is programmed to defend against loss (platelets) clotting around a wound that ruptures the body envelope.
During my experimentation I found that the self defense aspect of blood made it dry almost instantaneously when exposed to air, making it impossible to use it like a painting medium or a sculptural medium leading me to adapt my use to its nature and allow the material to change my works.

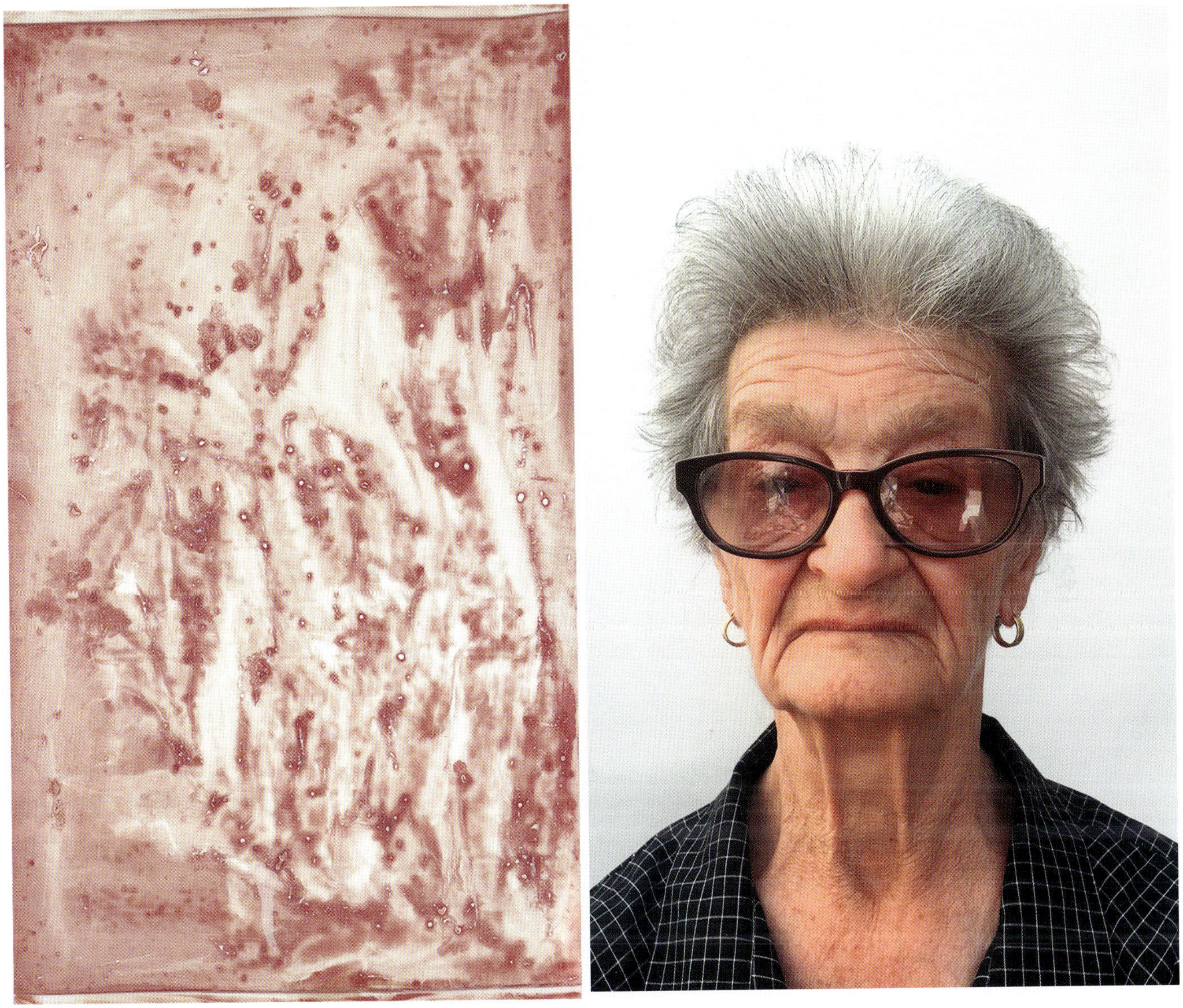

Antonia, 2018
Sangue del donatore, mylar, fotografia a colori su forex / The donor's blood, mylar, color photographic print on forex
132 x 164 cm
Collezione privata / Private Collection*

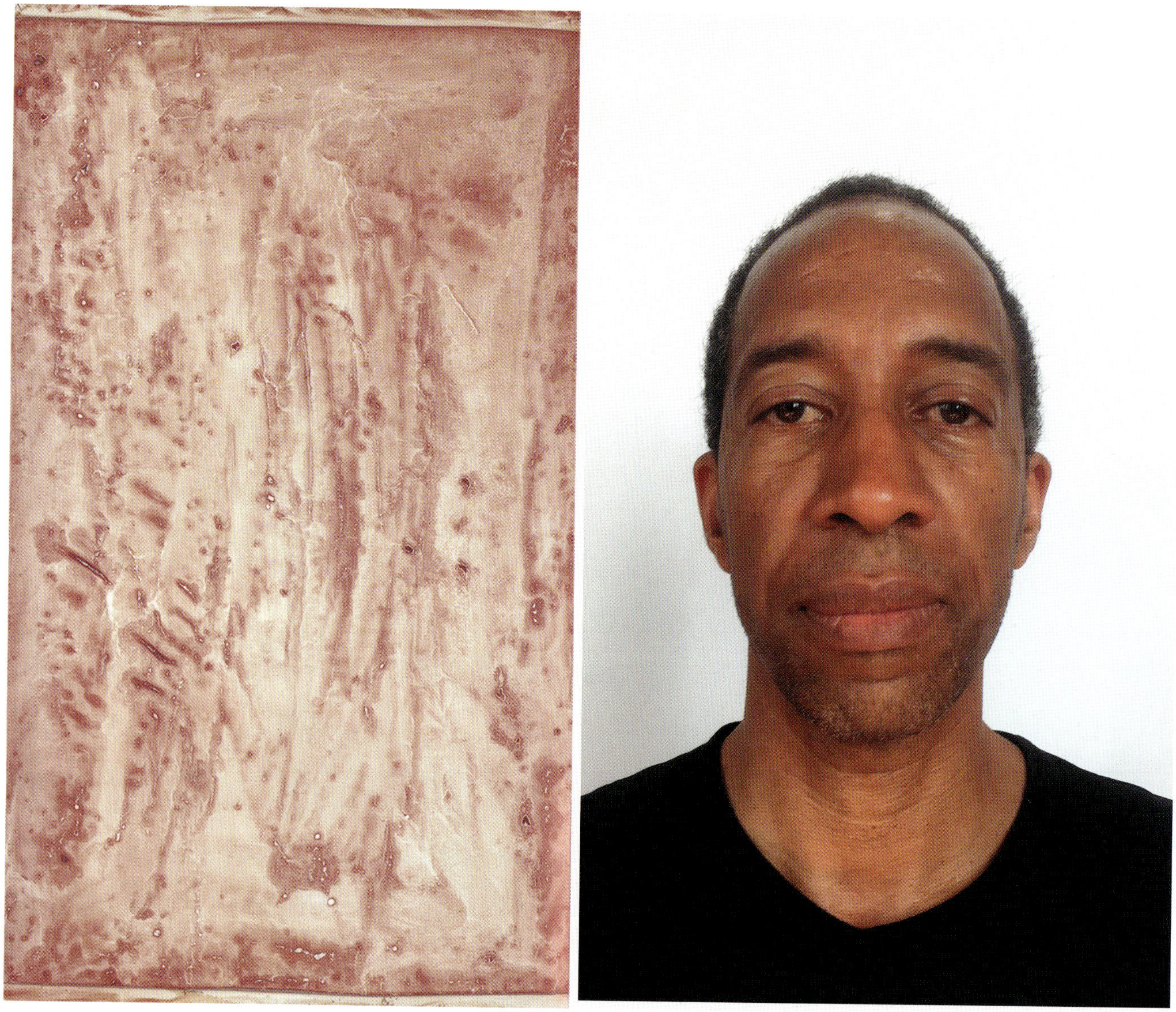

Garnette, 2018
Sangue del donatore, mylar, fotografia a colori su forex /
The donor's blood, mylar, color photographic print on forex
132 x 164 cm
Collezione privata /
Private Collection*

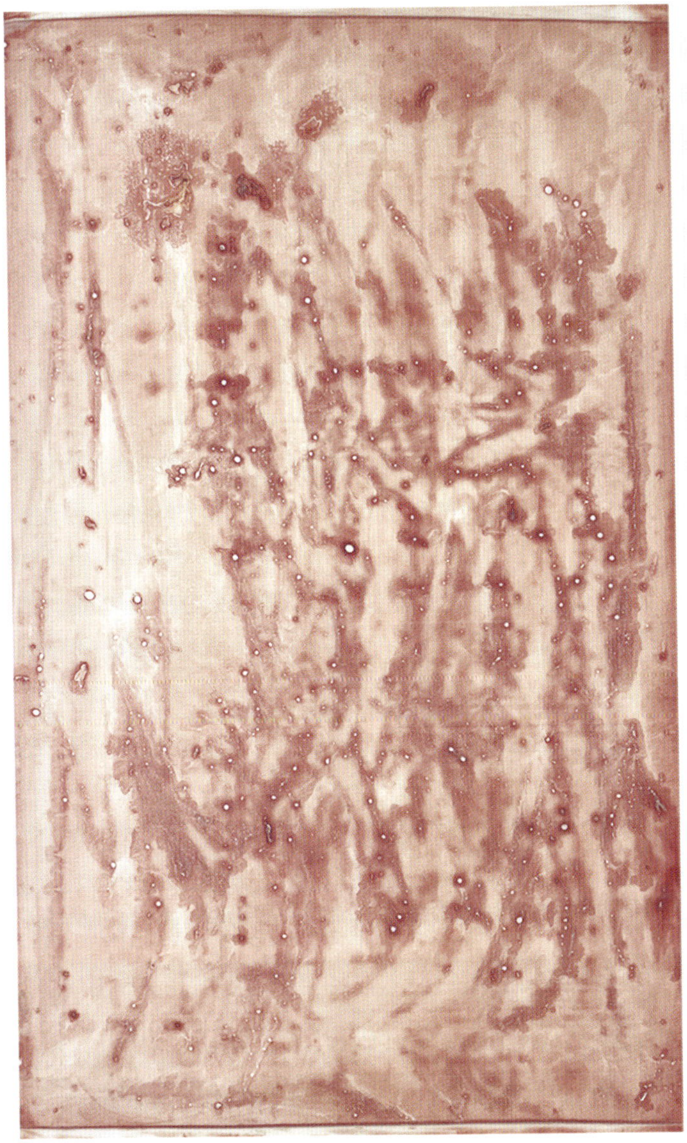

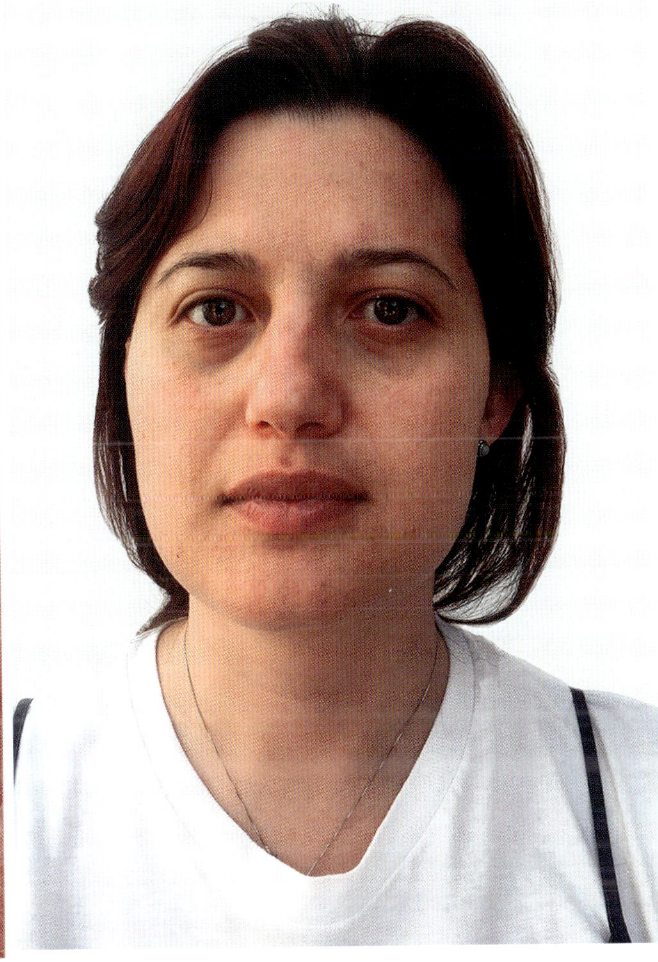

Ilaria, 2018
Sangue del donatore, mylar, fotografia a colori su forex / The donor's blood, mylar, color photographic print on forex
132 x 164 cm
Collezione privata / Private Collection*

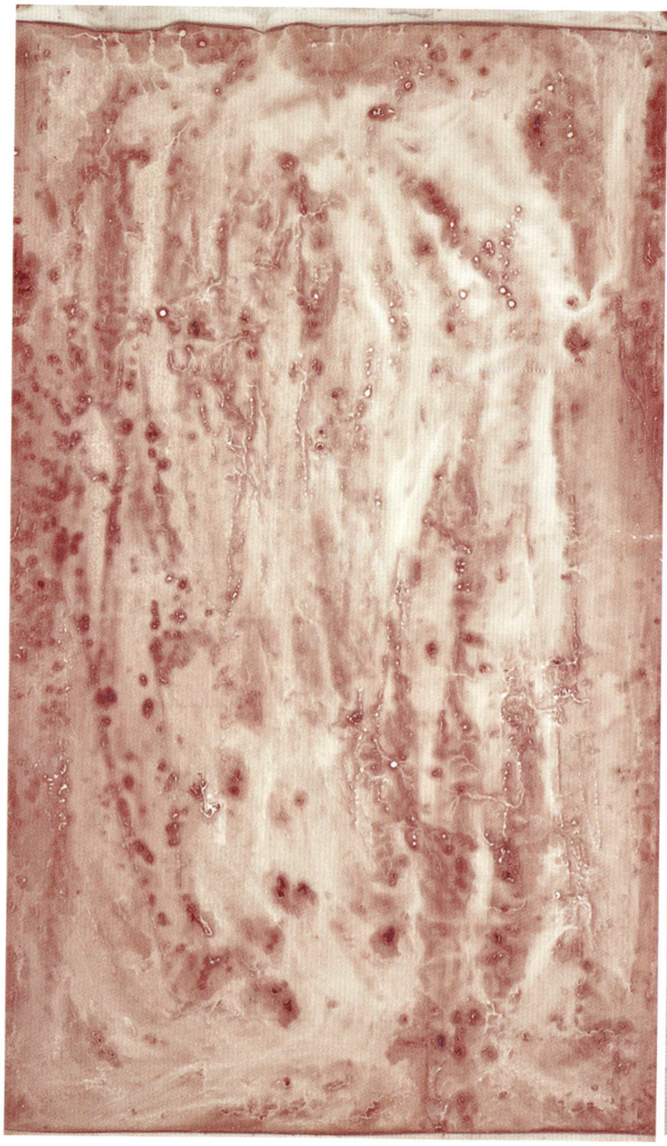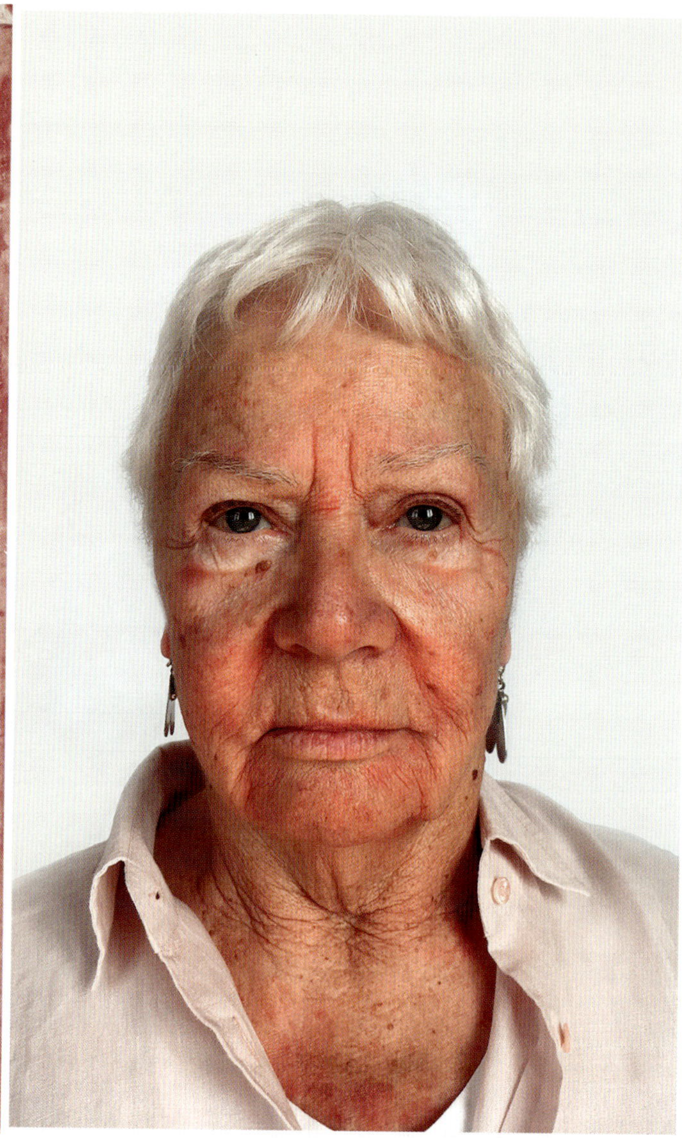

Inge, 2018
Sangue del donatore, mylar, fotografia a colori su forex / The donor's blood, mylar, color photographic print on forex
132 x 164 cm
Collezione privata / Private Collection*

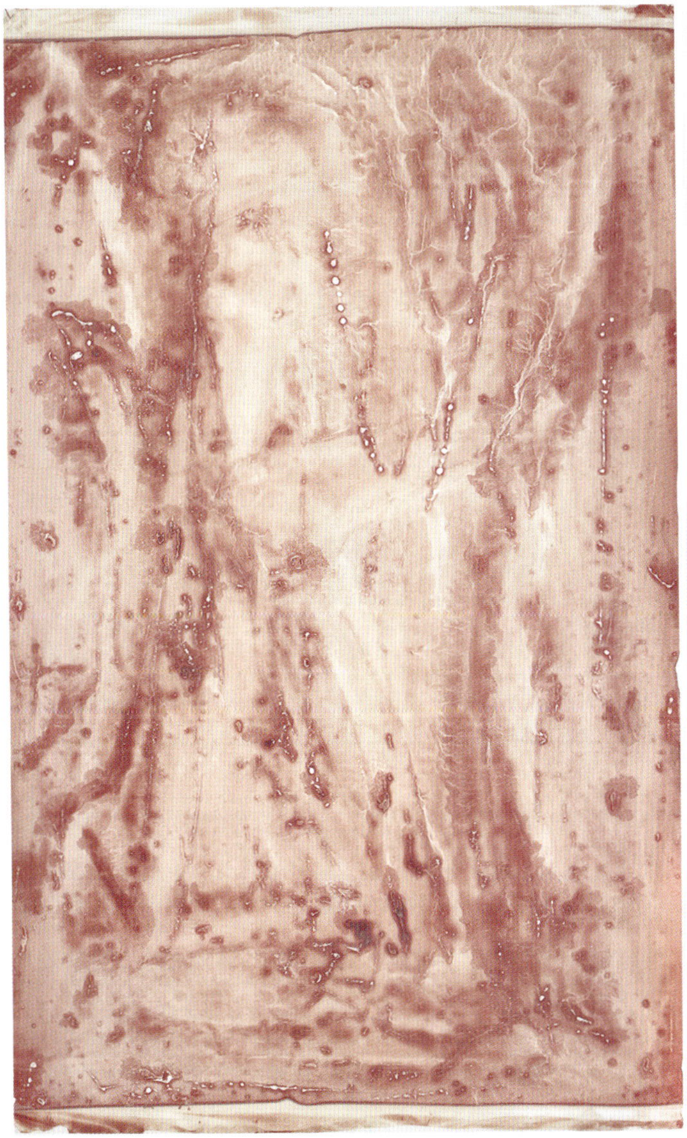

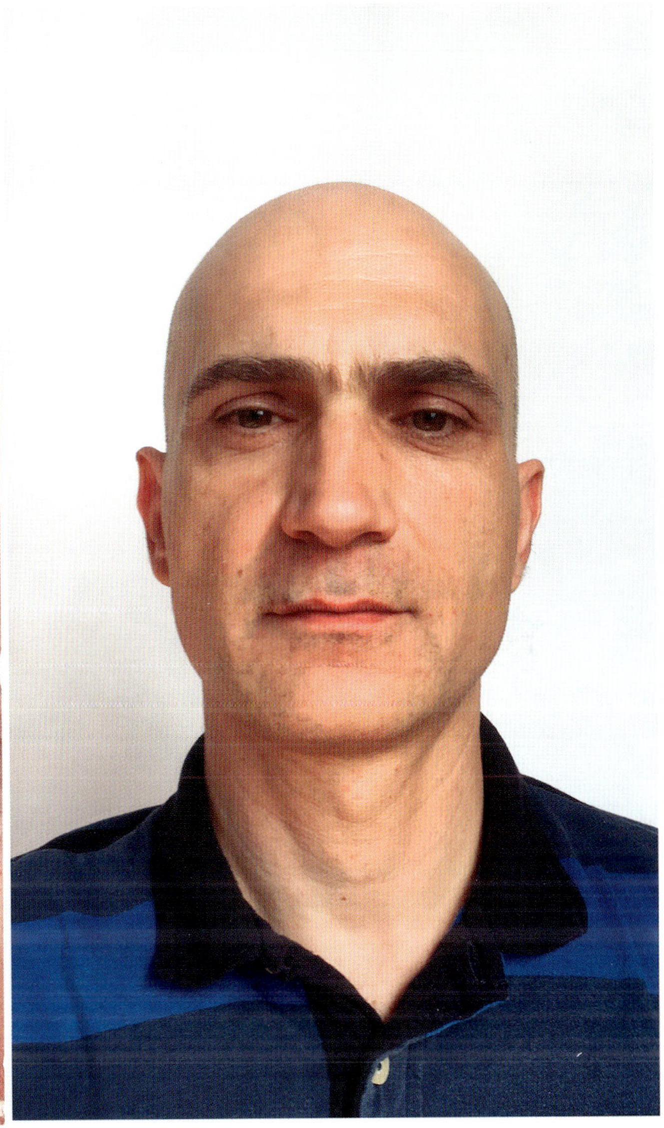

Salvatore, 2018
Sangue del donatore, mylar, fotografia a colori su forex /
The donor's blood, mylar, color photographic print on forex
132 x 164 cm
Collezione privata /
Private Collection*

Interpretiamo una famiglia come un gruppo di persone legate da un punto di vista genetico che si mescola con altri gruppi geneticamente differenti, espandendo così il patrimonio ereditario della società intera. Ma possiamo intendere per famiglia anche un gruppo che condivide soltanto la razza, l'etnia, gli usi, e i costumi? E può una famiglia essere costituita da un gruppo di individui che condividono esperienze di vita, identità di genere, o che, semplicemente, scelgono di vivere in una sorta di capsula e percepiscono quindi un legame molto forte? Con queste domande ho intrapreso il Family Portrait Project.
Gori Family Portrait che attraversa tre generazioni della stessa famiglia e che annovera un individuo (Virginia) che ne è parte per matrimonio e ha quindi contribuito all'espansione del patrimonio genetico esistente, fu il primo di questa serie. Seguì *Brothers I*, tre giovani uomini provenienti dal Ghana che si incontrarono in un centro di prima accoglienza per migranti vicino alla mia città natale in Campania. Questi tre giovani condividono nazionalità, razza, religione e un'esperienza di vita che li ha portati a chiamarsi tra loro "fratelli". Considero anche questo un nucleo famigliare.

We interpret a family to be a genetically connected group of people that mixes genetically with other genetically different groups, expanding the genetics of the entire society. But can a family also be a group that shares only race, ethnicity or custom? Can a family also be a group whose members share life experiences, gender identity or simply choose to live in a pod and consider themselves connected as such? With these questions, I began the Family Portrait Project.
The *Gori Family Portrait*, which spans three generations of the same family, among them is an individual (Virginia) who is part of the family through marriage and has contributed to expanding the genetic web of the Gori family, was the first in the series of these works.
It was followed by *Brothers I* – three young men from Ghana who met in a center for migrants, near my home town in southern Italy. These three young men share a nationality, a race, a religion and an experience of life leading them to call each other 'brothers' – a family unit.

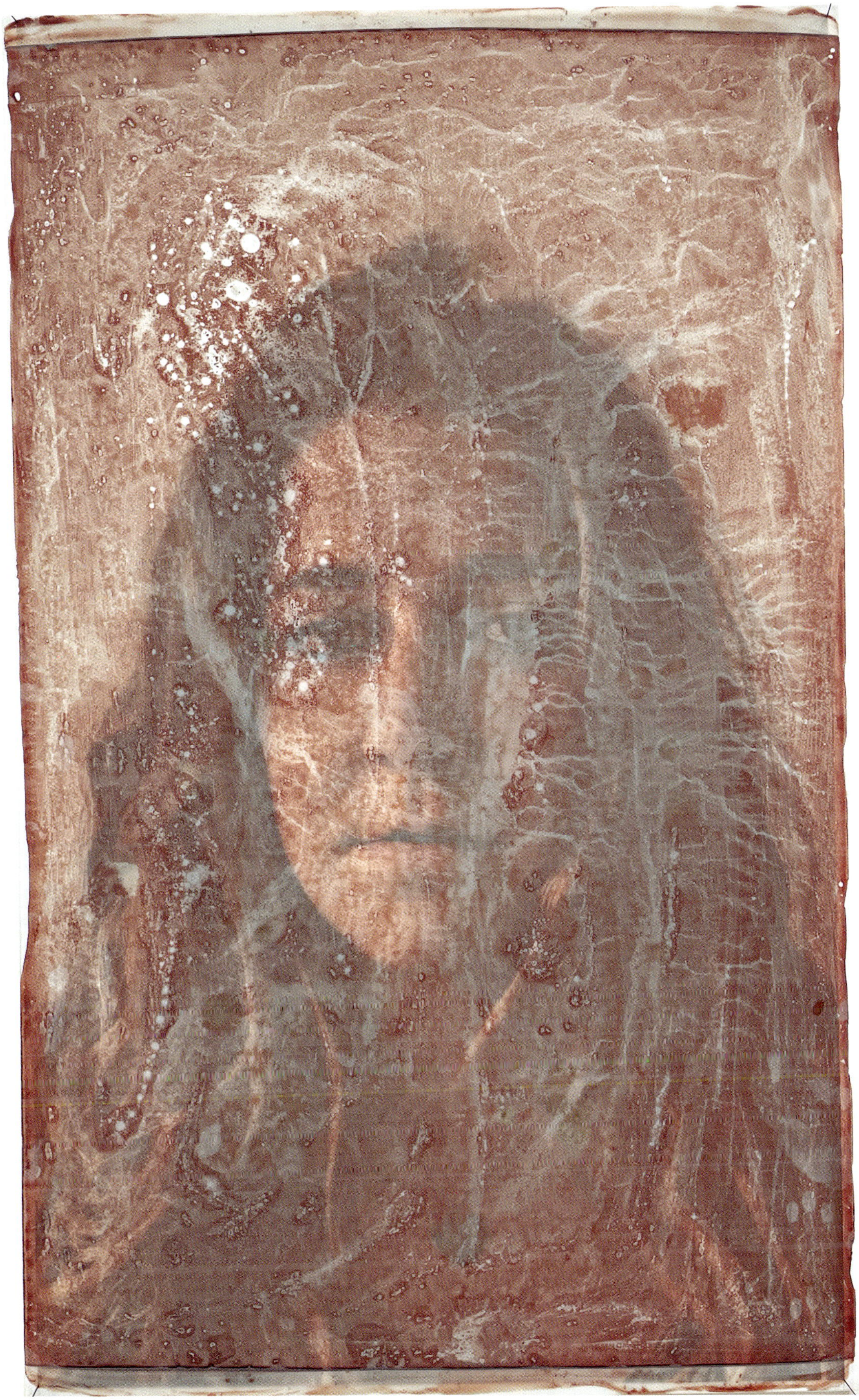

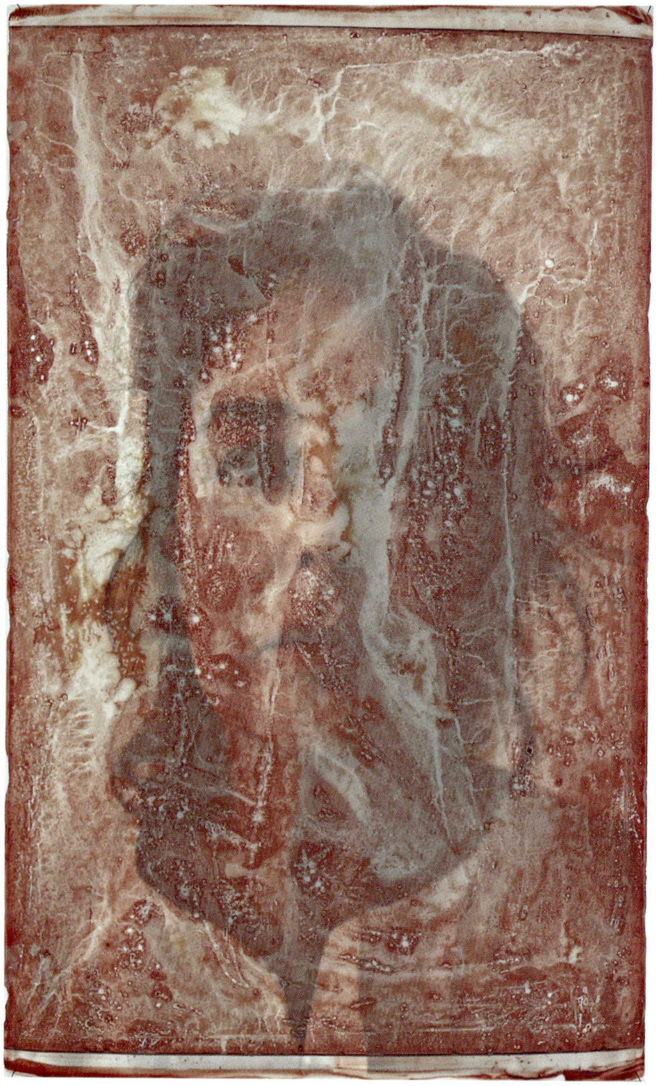

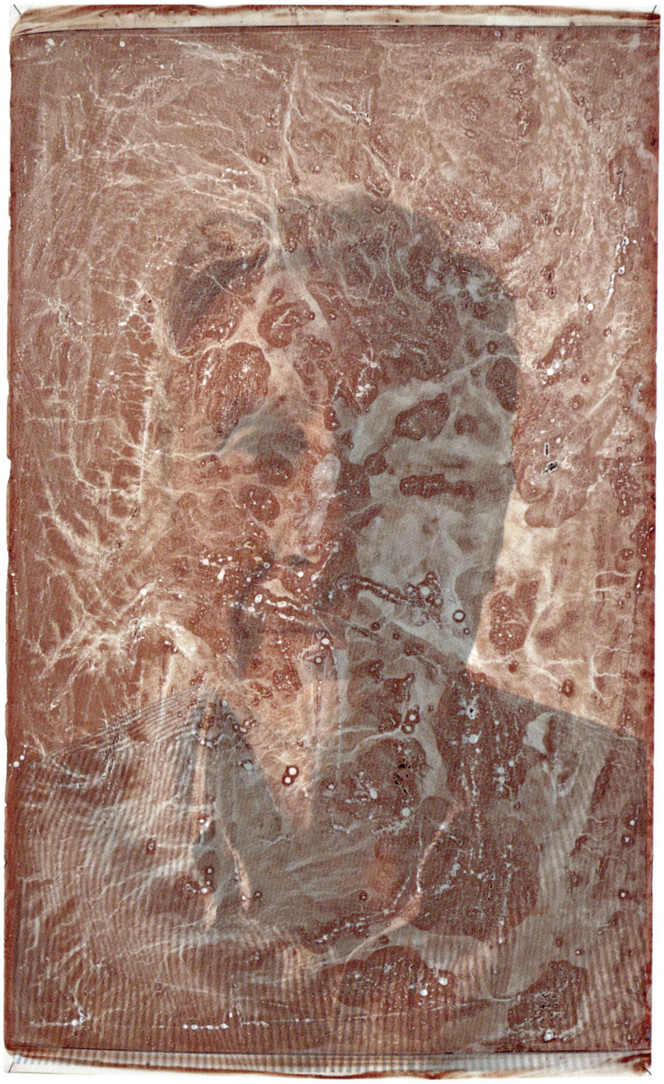

alla pagina precedente /
on the previous page

Caterina, 2019
Sangue del donatore, mylar, fotografia a colori su forex / The donor's blood, mylar, color photographic print on forex
132 x 81 cm
Collezione privata / Private Collection*

Virginia, 2019
Sangue del donatore, mylar, fotografia a colori su forex / The donor's blood, mylar, color photographic print on forex
132 x 81 cm
Collezione privata / Private Collection*

Fabio, 2019
Sangue del donatore, mylar, fotografia a colori su forex / The donor's blood, mylar, color photographic print on forex
132 x 81 cm
Collezione privata / Private Collection*

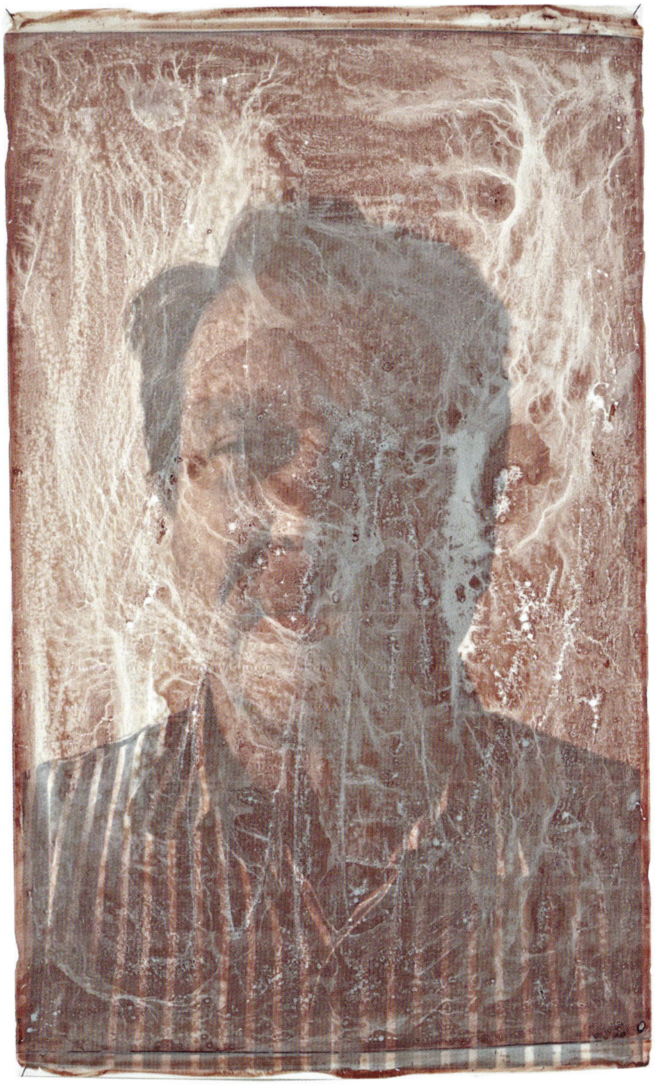

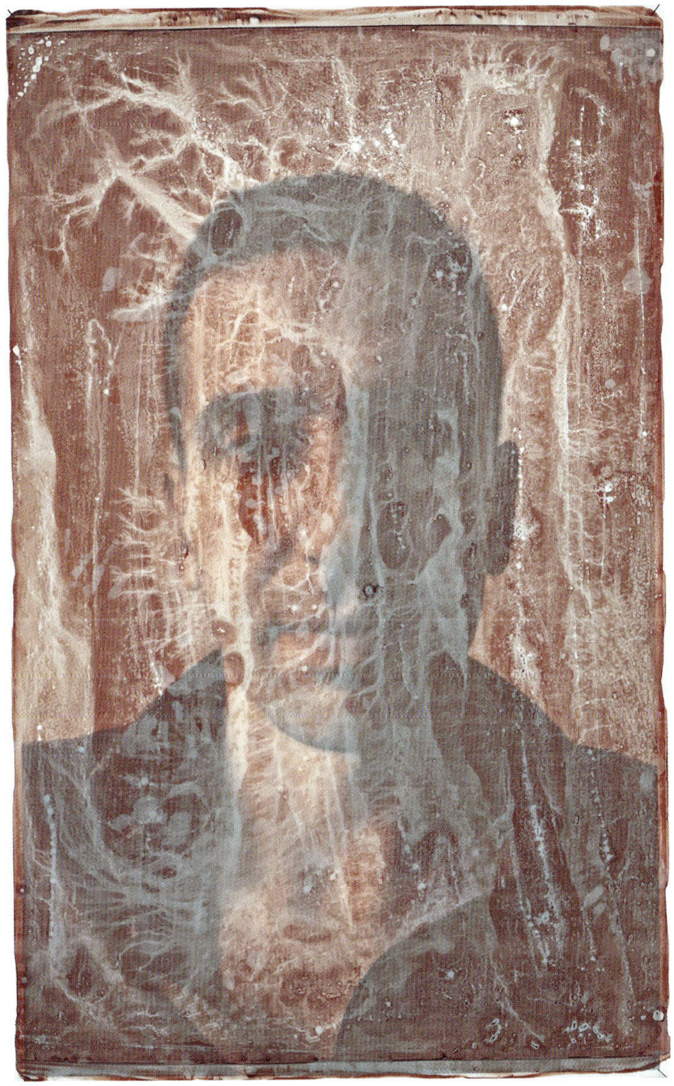

Paolo, 2019
Sangue del donatore, mylar, fotografia a colori su forex / The donor's blood, mylar, color photographic print on forex
132 x 81 cm
Collezione privata / Private Collection*

Tommaso, 2019
Sangue del donatore, mylar, fotografia a colori su forex / The donor's blood, mylar, color photographic print on forex
132 x 81 cm
Collezione privata / Private Collection*

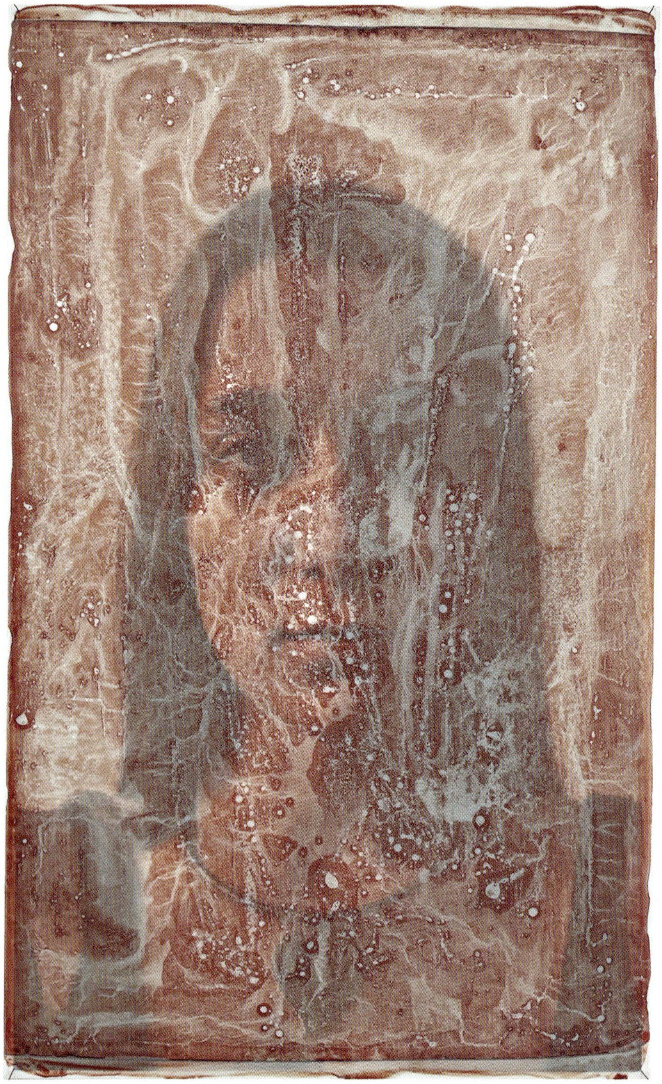

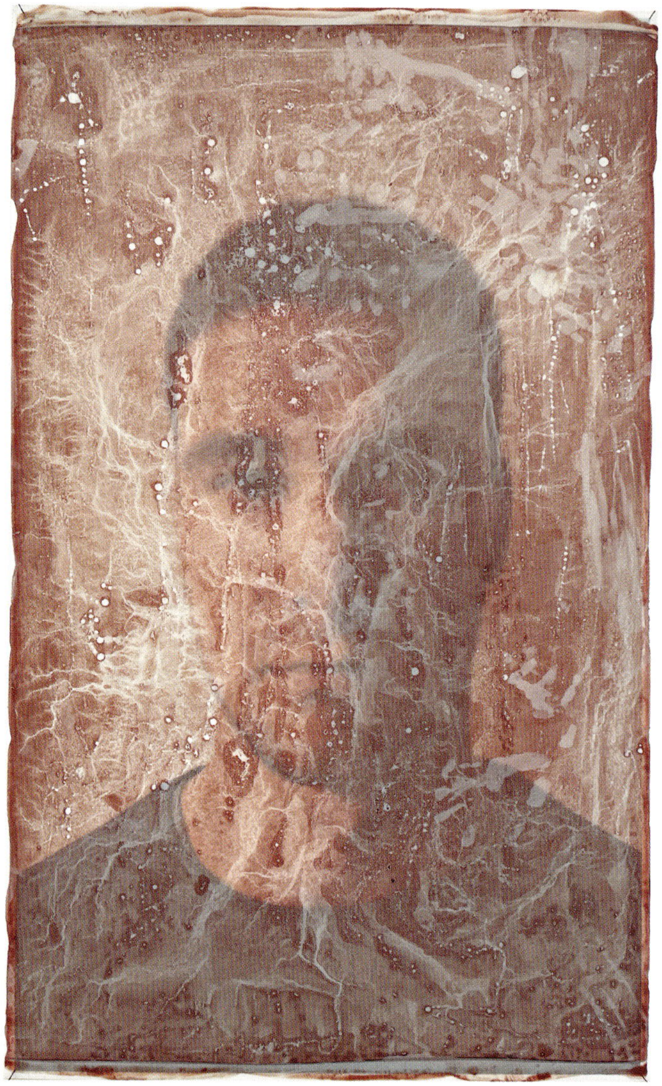

Rosa, 2019
Sangue del donatore, mylar, fotografia a colori su forex / The donor's blood, mylar, color photographic print on forex
132 x 81 cm
Collezione privata / Private Collection*

Pietro, 2019
Sangue del donatore, mylar, fotografia a colori su forex / The donor's blood, mylar, color photographic print on forex
132 x 81 cm
Collezione privata / Private Collection*

Giuliano, 2019
Sangue del donatore, mylar, fotografia a colori su forex / The donor's blood, mylar, color photographic print on forex
132 x 81 cm
Collezione privata / Private Collection*

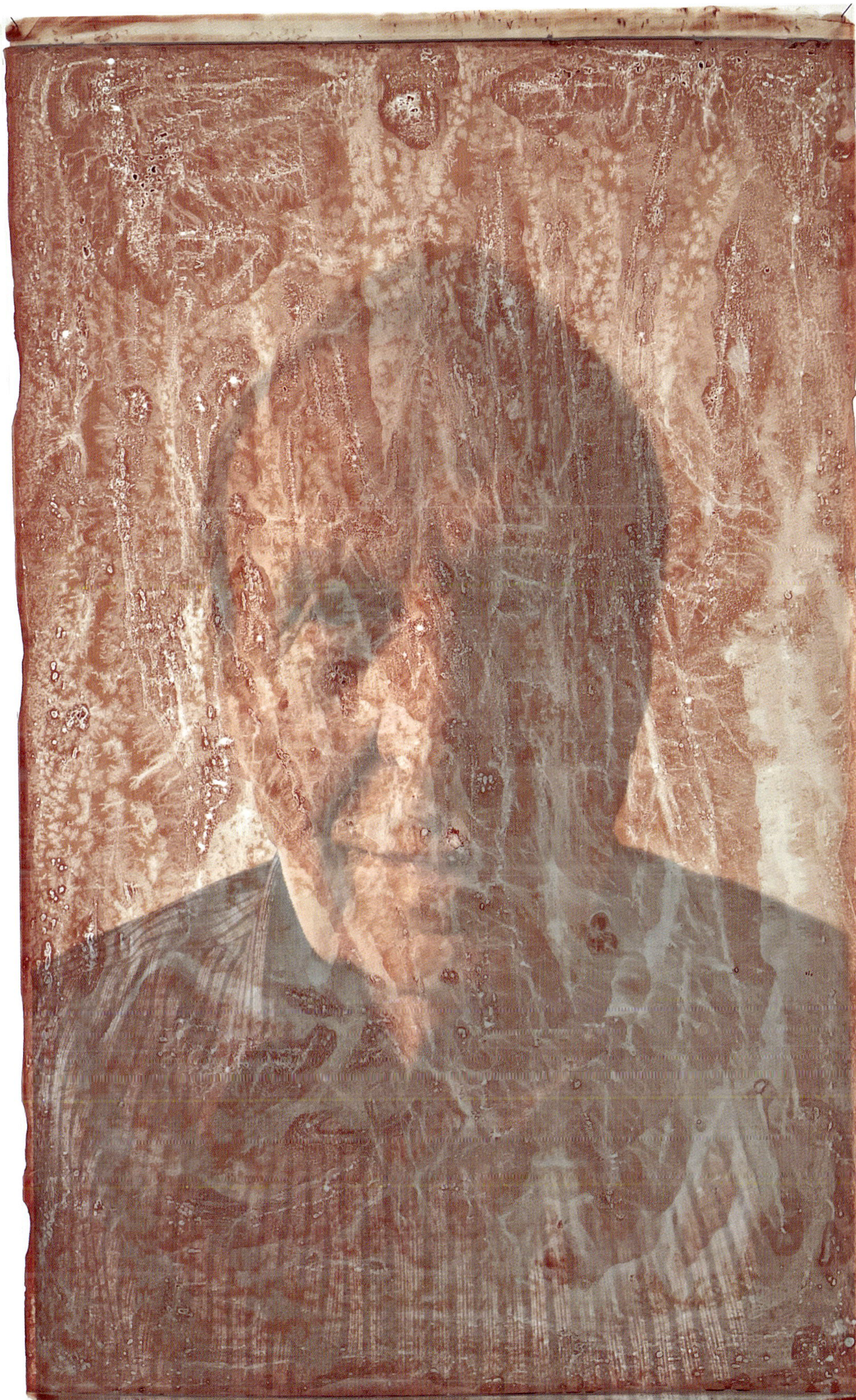

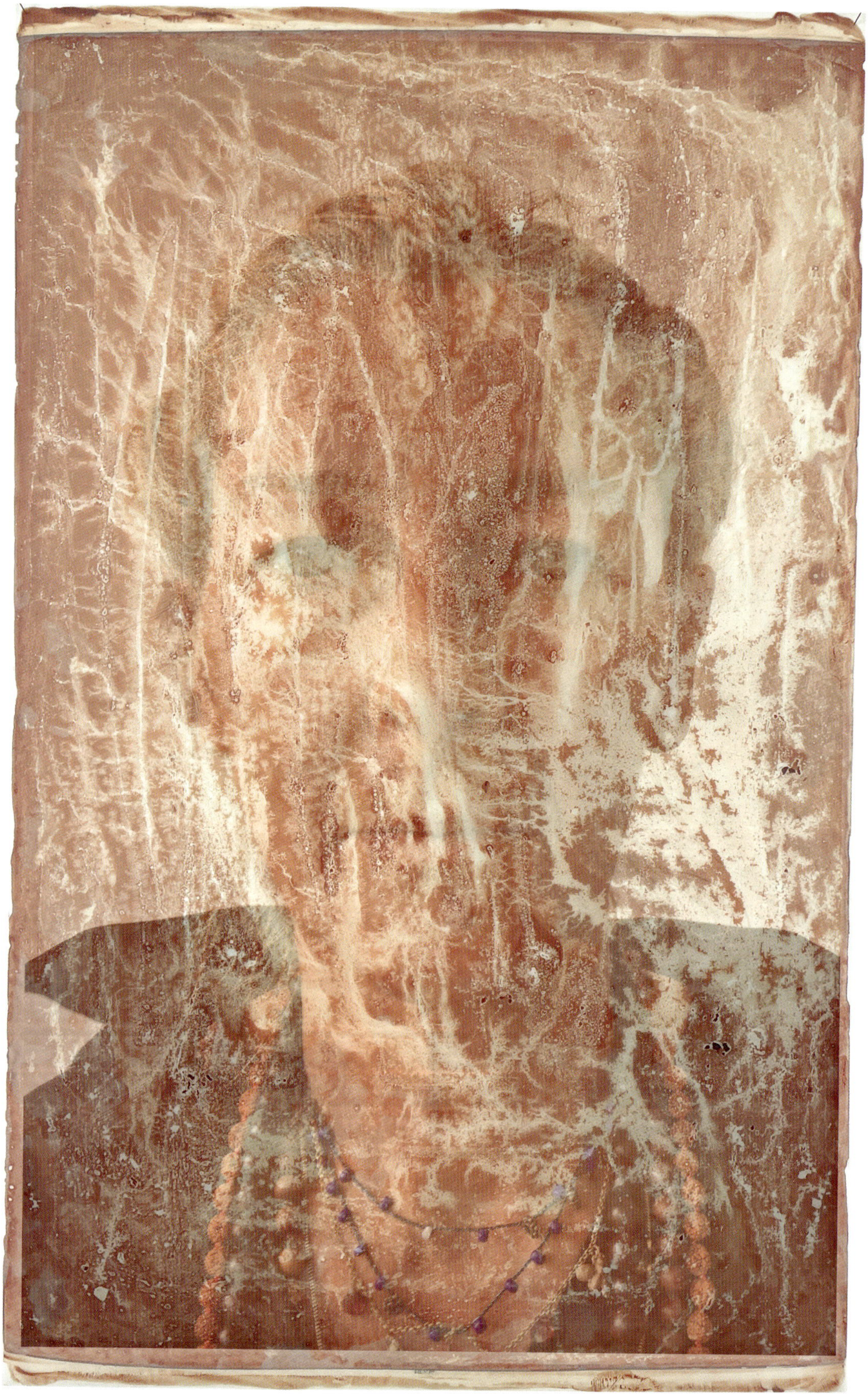

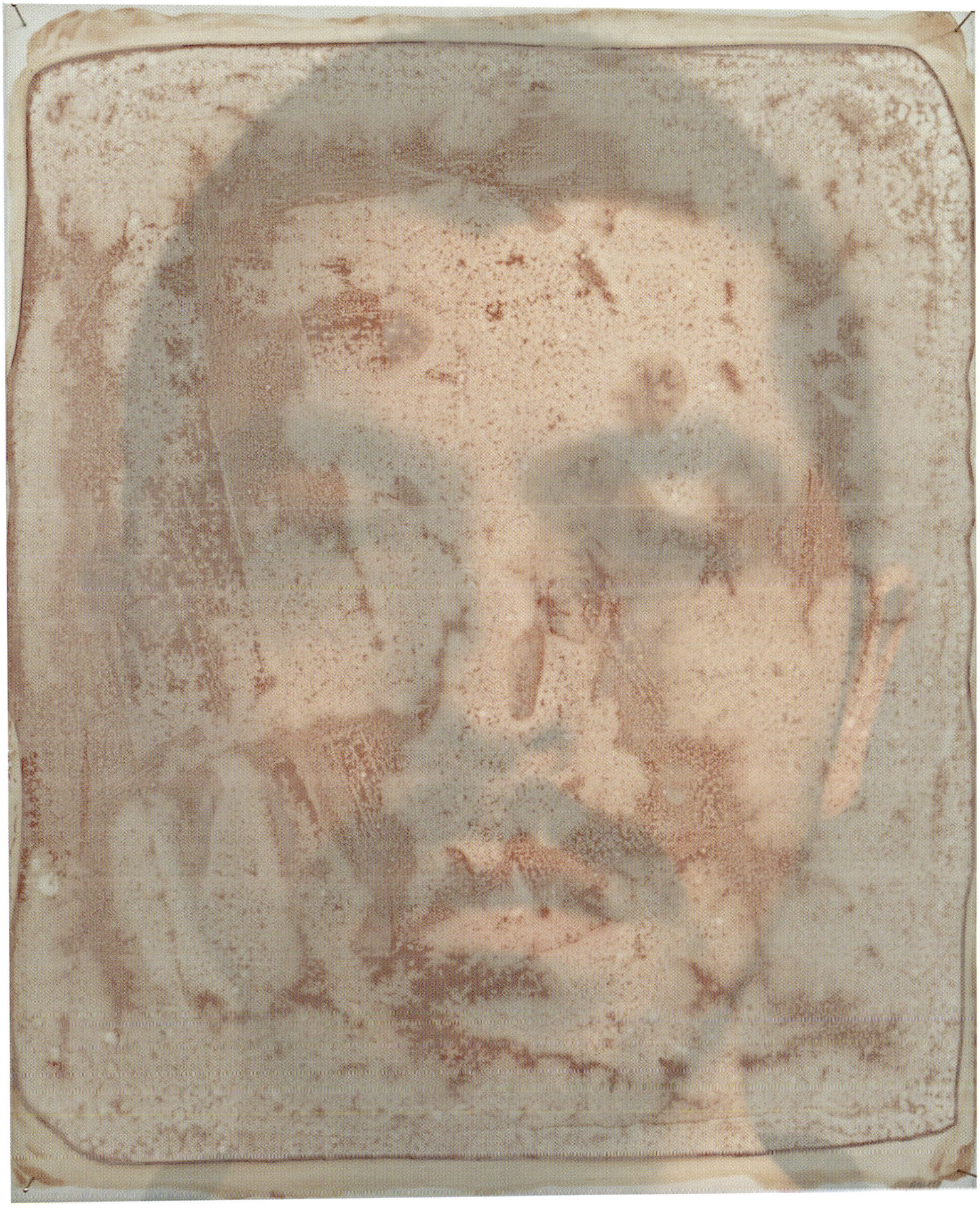

Silvia, 2019
Sangue del donatore, mylar, fotografia a colori su forex / The donor's blood, mylar, color photographic print on forex
132 x 81 cm
Collezione privata / Private Collection

Angelo, 2020
Sangue del donatore, mylar, fotografia a colori / The donor's blood, mylar, color photographic print
61 x 46 cm
Collezione privata / Private Collection

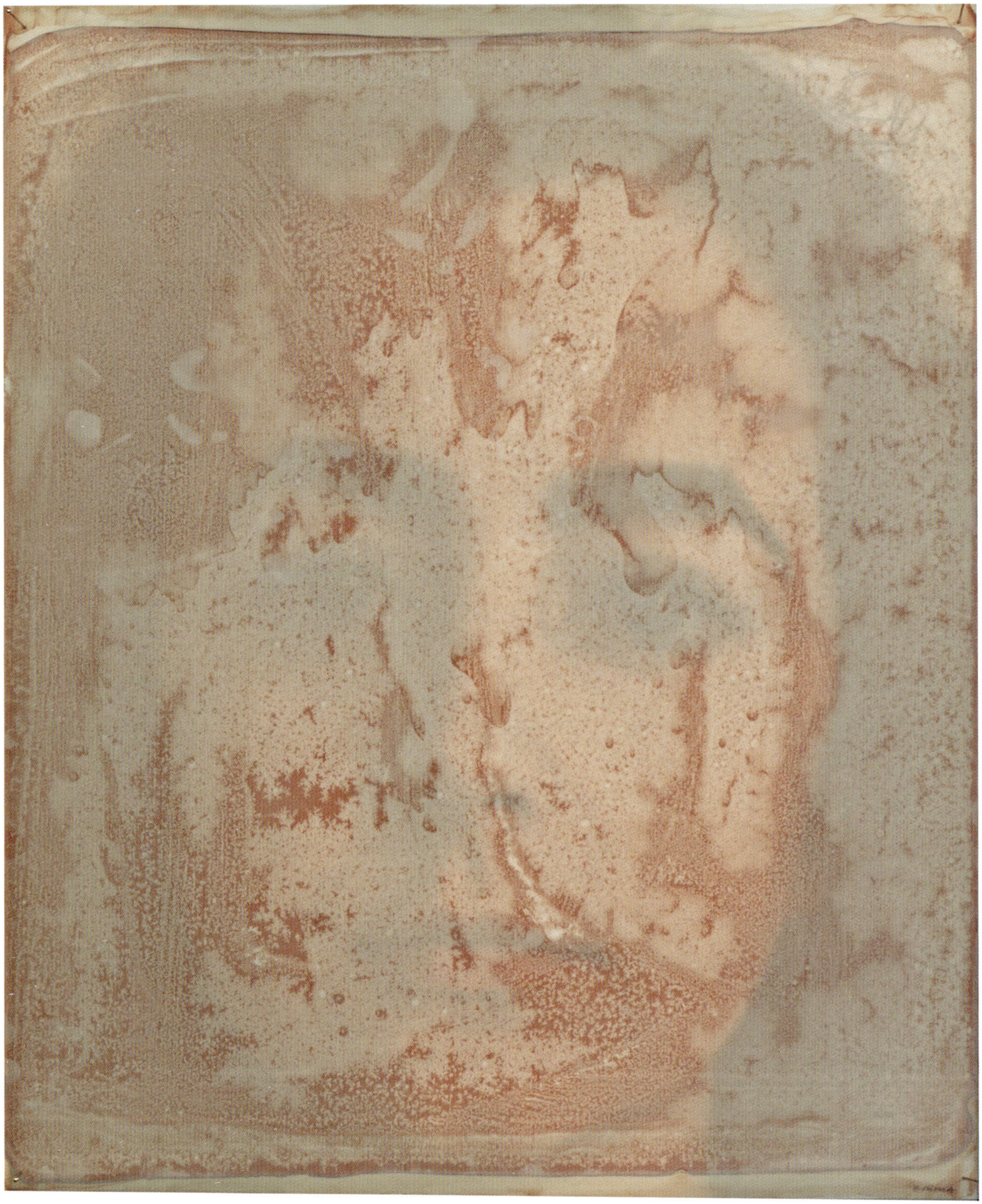

Emma, 2020
Sangue del donatore, mylar,
fotografia a colori /
The donor's blood, mylar,
color photographic print
61 x 46 cm
Collezione privata /
Private Collection

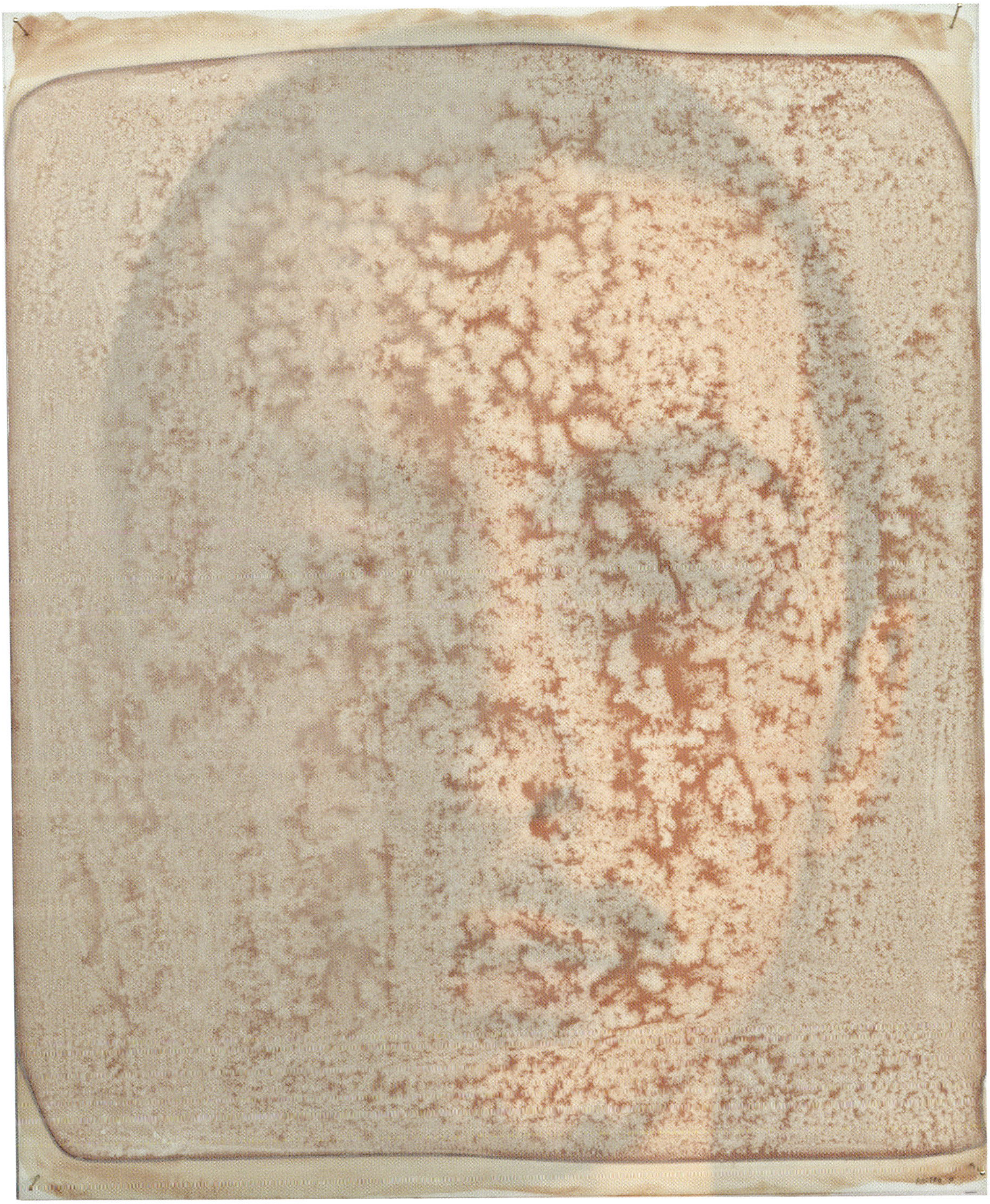

Pietro Francis, 2020
Sangue del donatore, mylar,
fotografia a colori /
The donor's blood, mylar,
color photographic print
61 x 46 cm
Collezione privata /
Private Collection

Dopo aver usato il mio sangue assieme a fuoco, luce, calchi di diversi materiali, e successivamente con il solo vetro, decisi di rendere le mie opere ancora più spoglie in modo che il sangue figurasse da solo, senza i limiti imposti da contenitori e oggetti realizzati a mano. Questa riduzione ha portato alla creazione dei *Bloodworks* realizzati con fogli traslucidi, portando queste mie opere nel contesto della pittura.
Nei *Bloodworks*, ho dovuto sviluppare dei nuovi processi dal momento che non volevo più utilizzare contenitori o anticoagulanti e il mylar che avevo usato per i disegni a carboncino si rivelò essere la perfetta soluzione. Essendo una plastica di poliestere stabile e non assorbente, è il materiale ideale per lavorare rendendo il medium una sorta di tinta diluita, senza neanche toccarlo. I due fogli di mylar diventano l'epidermide che protegge il sangue dall'ambiente circostante, impedendogli di asciugarsi troppo rapidamente mentre viene sparso sulla superficie.

After using my blood in works with fire, light, cast materials, and only with blood and glass, I decided to strip the work down further to let blood to stand alone, without the confines of hand-fashioned containers and objects. This honing led to the *Bloodworks* vellums, bringing the work with blood into the realm of painting.
I had to develop the new process since I no longer had containers to hold the blood and anticoagulants that kept the blood liquid. The mylar I had been using to make the powdered charcoal drawings was the perfect solution. As a non-absorbent, stable polyester plastic, mylar was ideal for spreading the blood in thin washes, without ever touching it. The two mylar sheets became the skin which kept the blood protected from the environment, keeping it from drying quickly while spreading it.

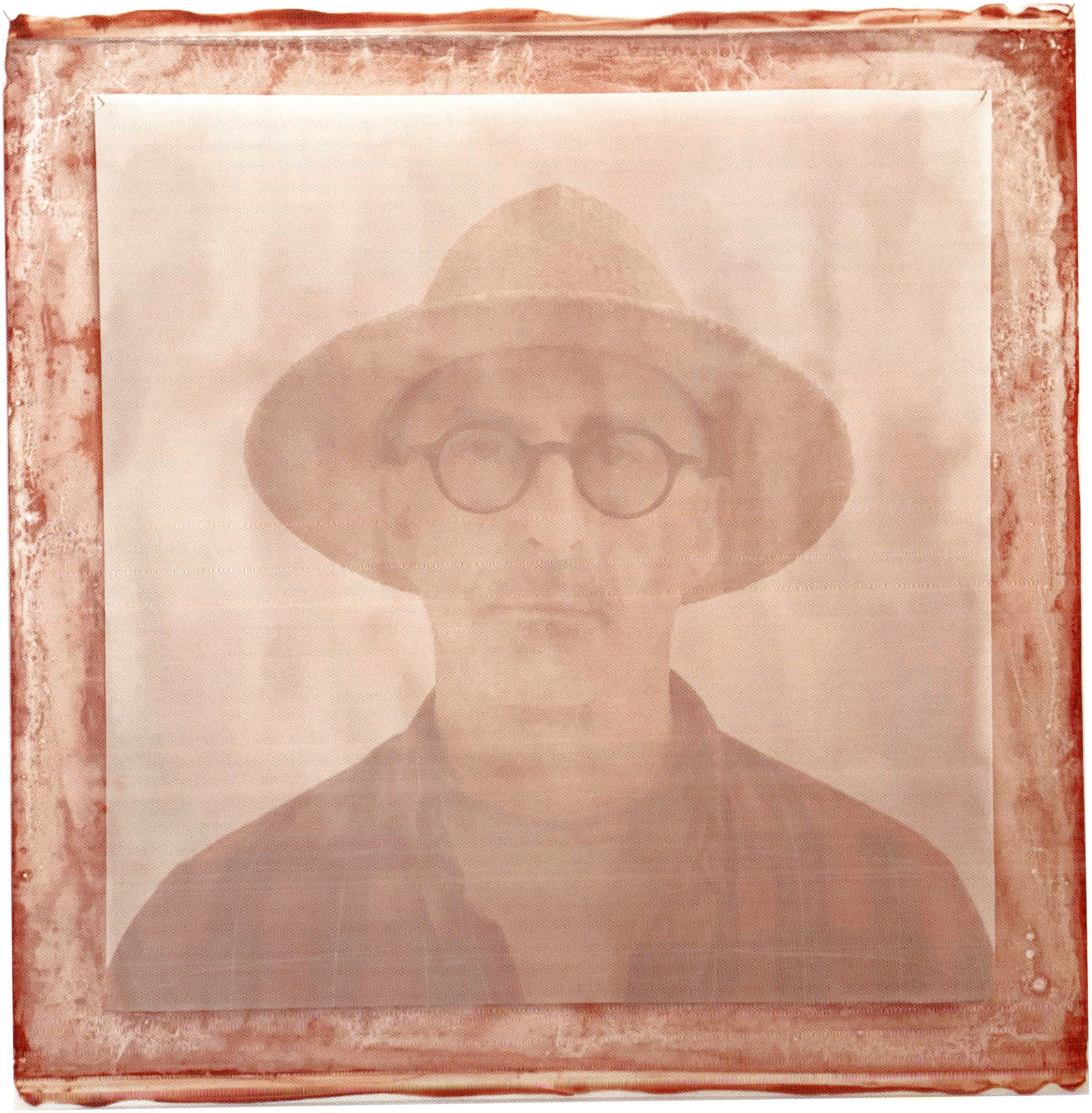

My 60th year, 2020
Sangue dell'artista, mylar,
fotografia a colori /
The artist's blood, mylar,
color photographic print
122 x 122 cm
Collezione dell'artista /
The Artist's Collection

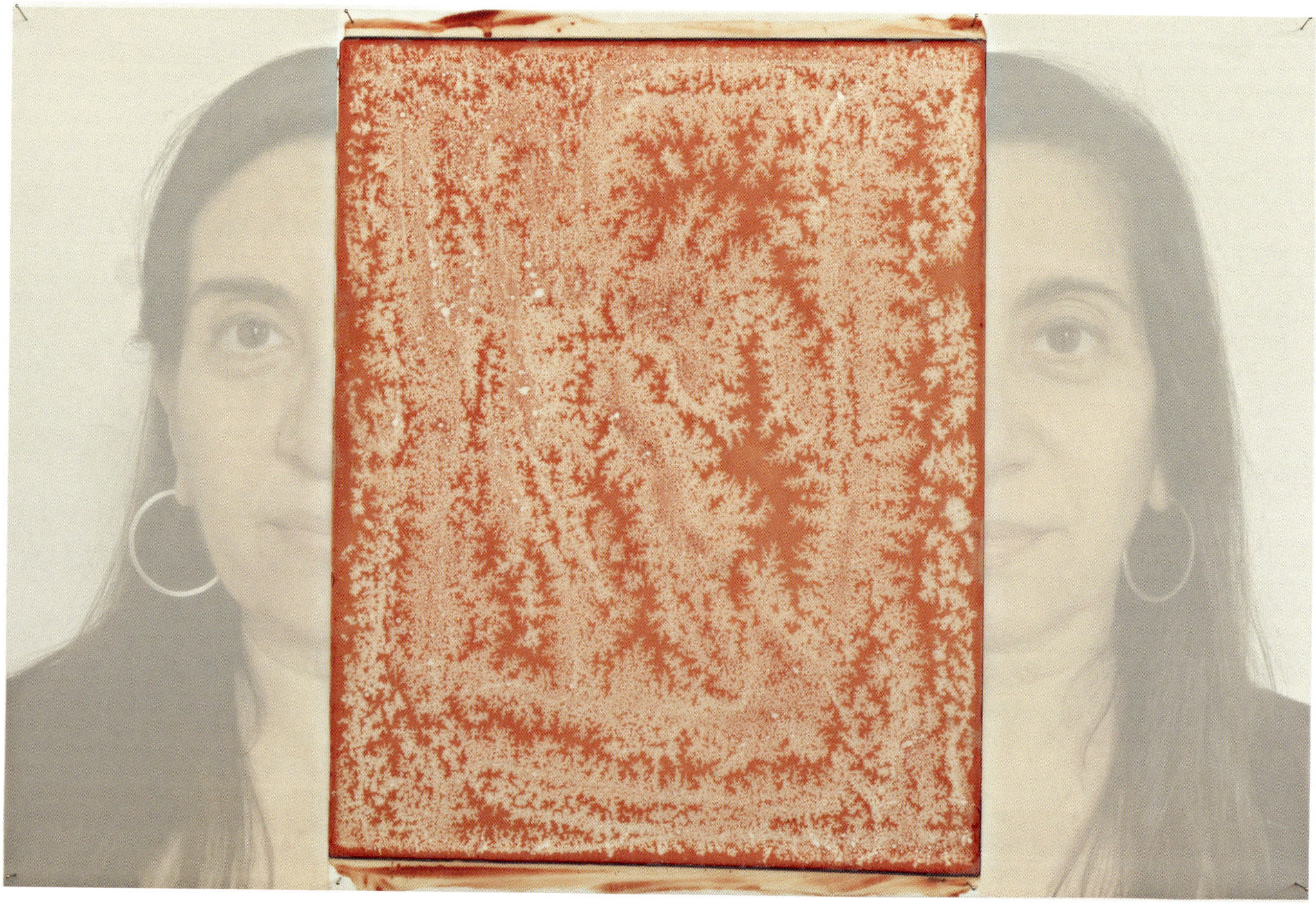

Anica II, 2021
Sangue del donatore, mylar,
fotografia a colori /
The donor's blood, mylar,
color photographic print
61 x 91 cm
Collezione privata /
Private Collection

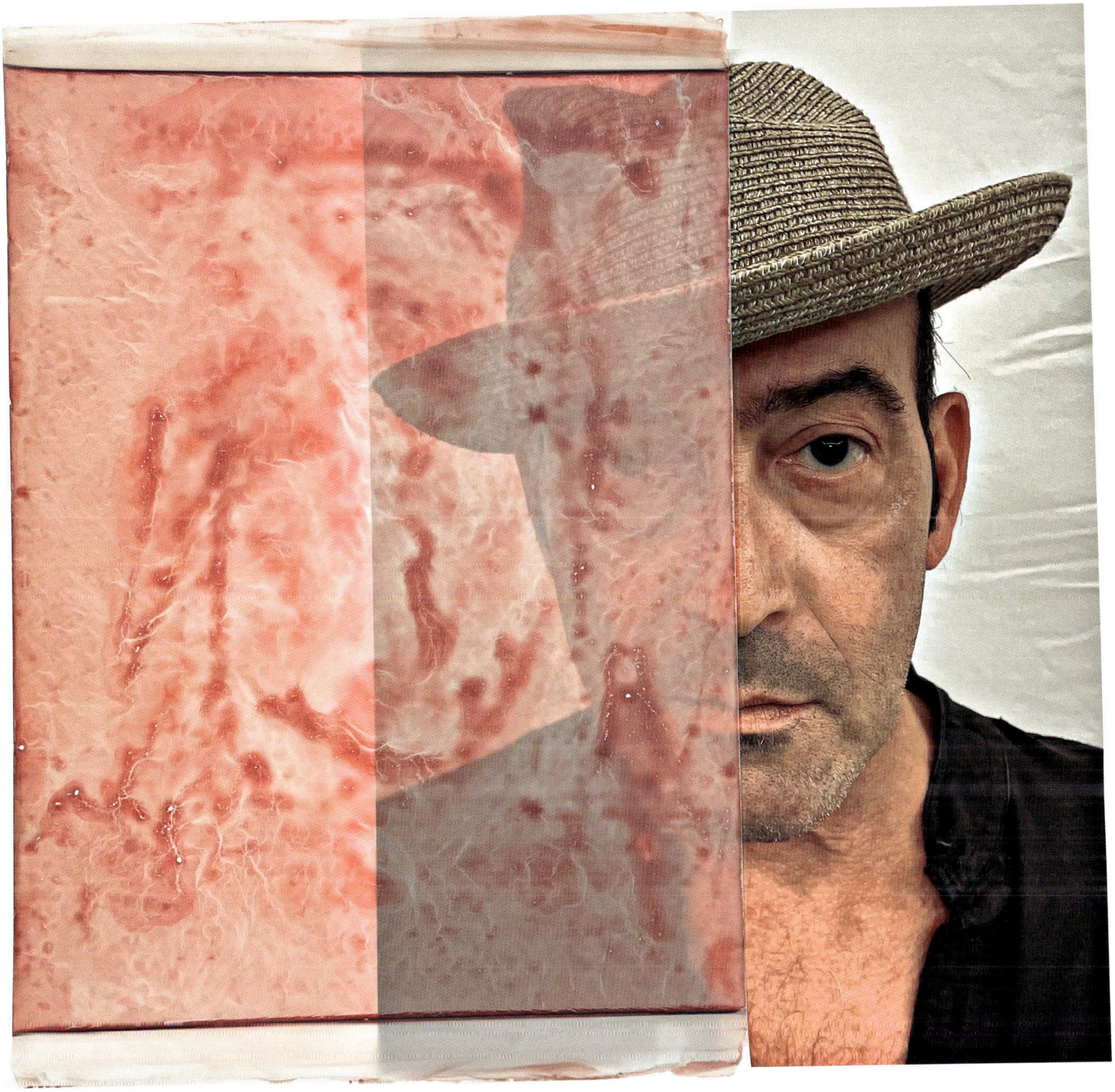

John II, 2021
Sangue del donatore, mylar, fotografia a colori /
The donor's blood, mylar, color photographic print
61 x 69 cm
Collezione privata /
Private Collection

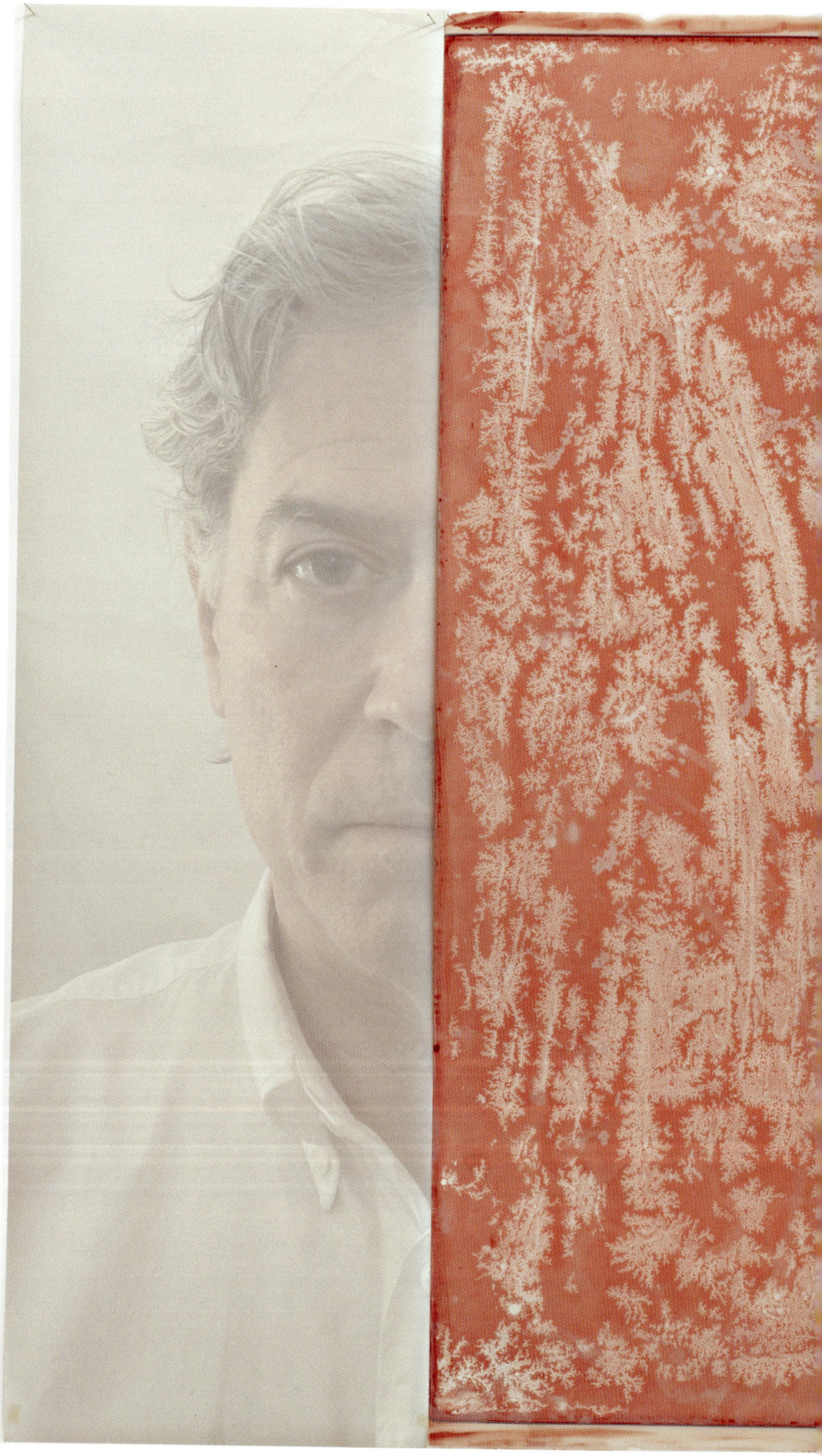

Joseph I, 2021
Sangue del donatore, mylar, fotografia a colori /
The donor's blood, mylar, color photographic print
182 x 182 cm
Collezione privata /
Private Collection

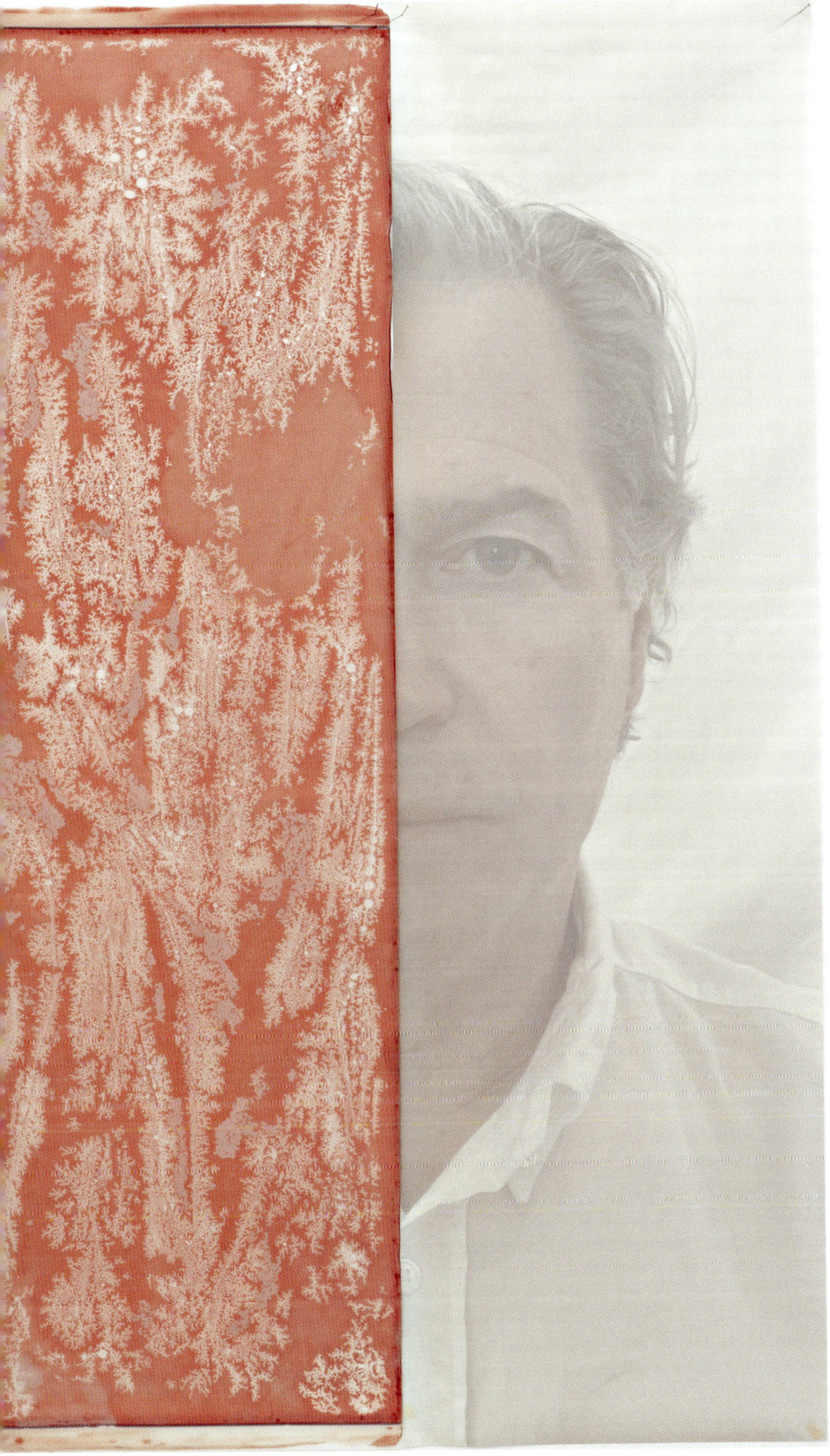

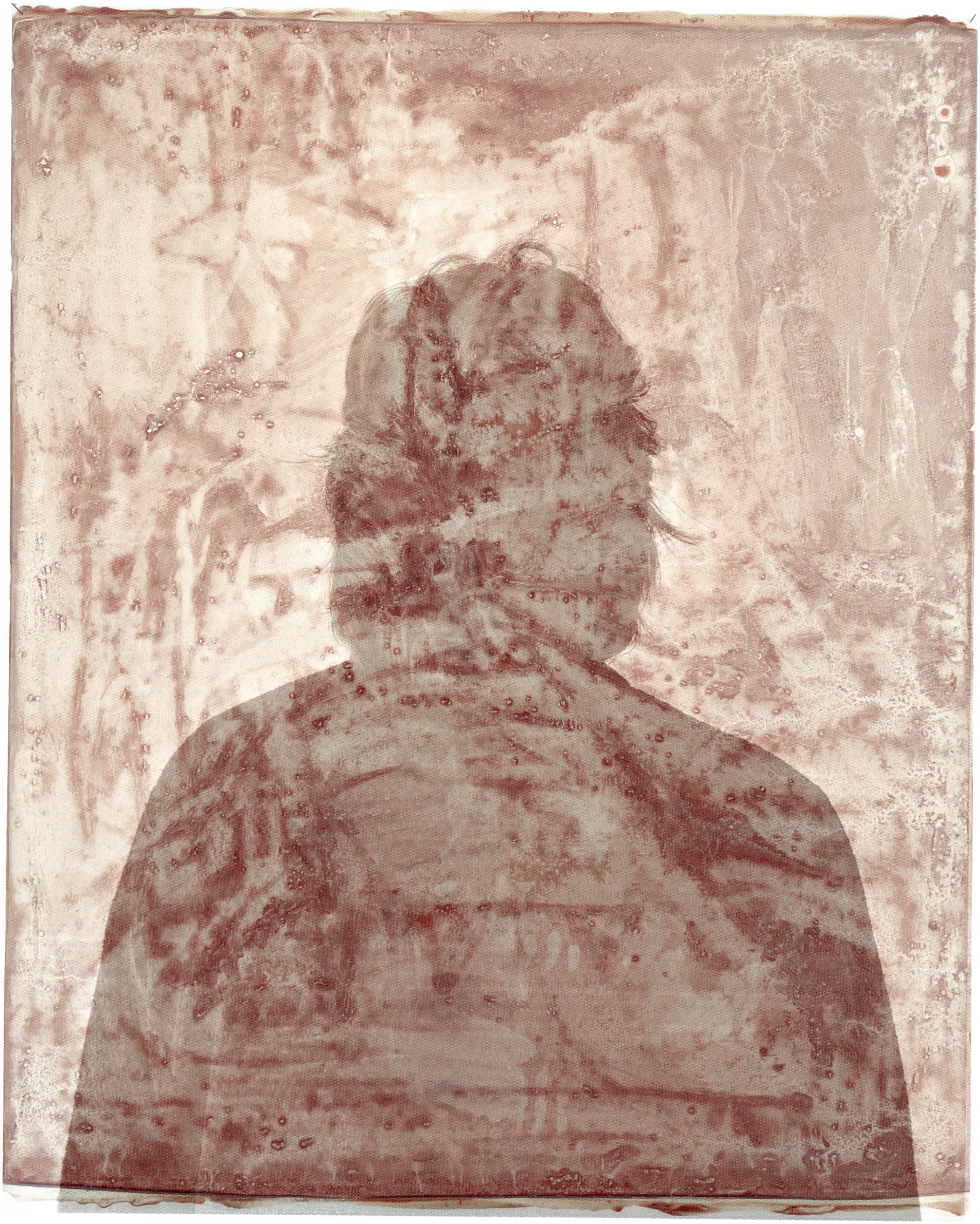

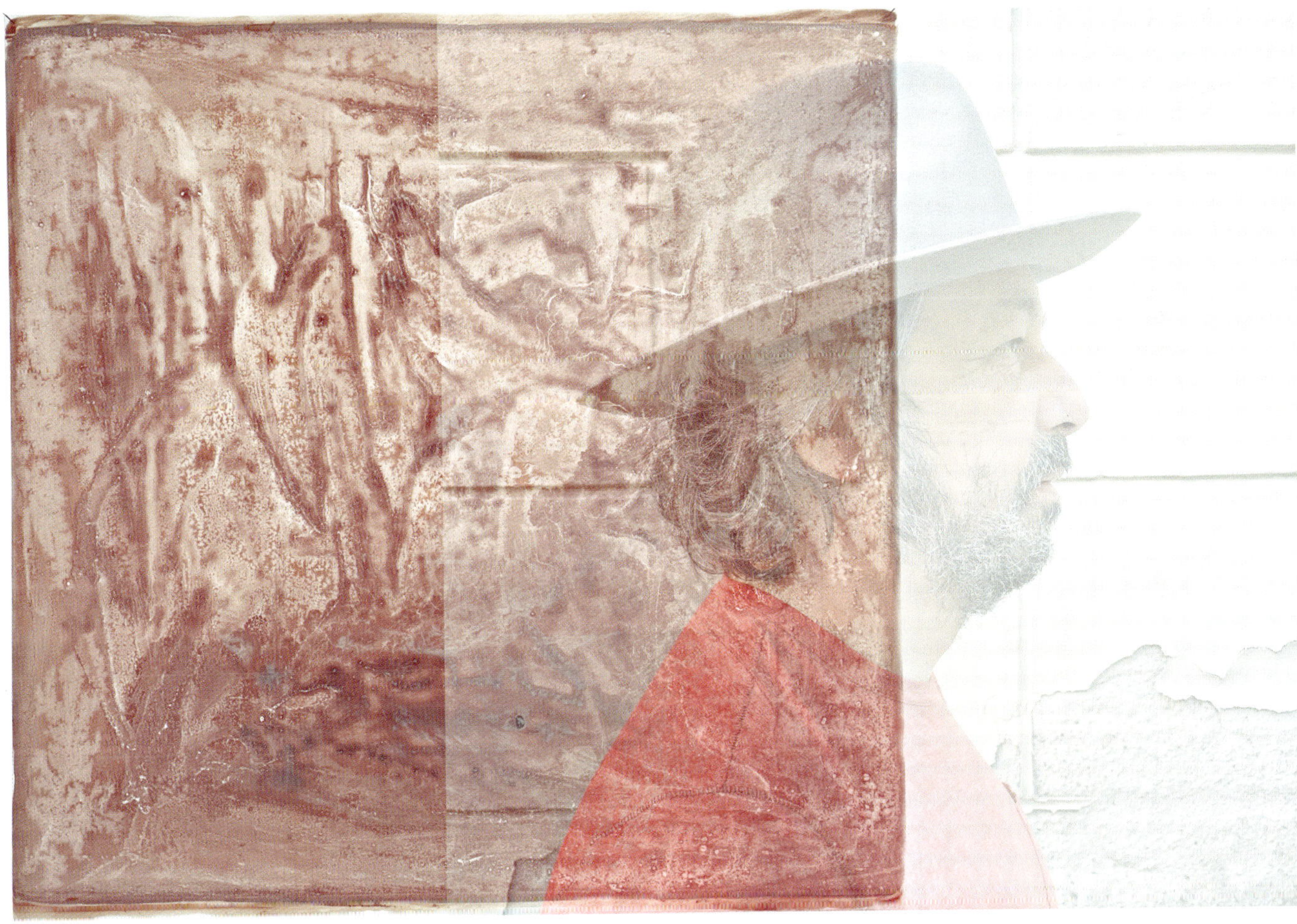

Arturo, 2022
Sangue del donatore, mylar,
fotografia a colori
su plexiglass /
The donor's blood, mylar,
color photographic print
on plexiglass
130 x 106.5 cm
Collezione privata /
Private Collection*

Riccardo, 2022
Sangue del donatore, mylar,
fotografia a colori
su plexiglass /
The donor's blood, mylar,
color photographic print
on plexiglass
90 x 135 cm
Collezione privata /
Private Collection*

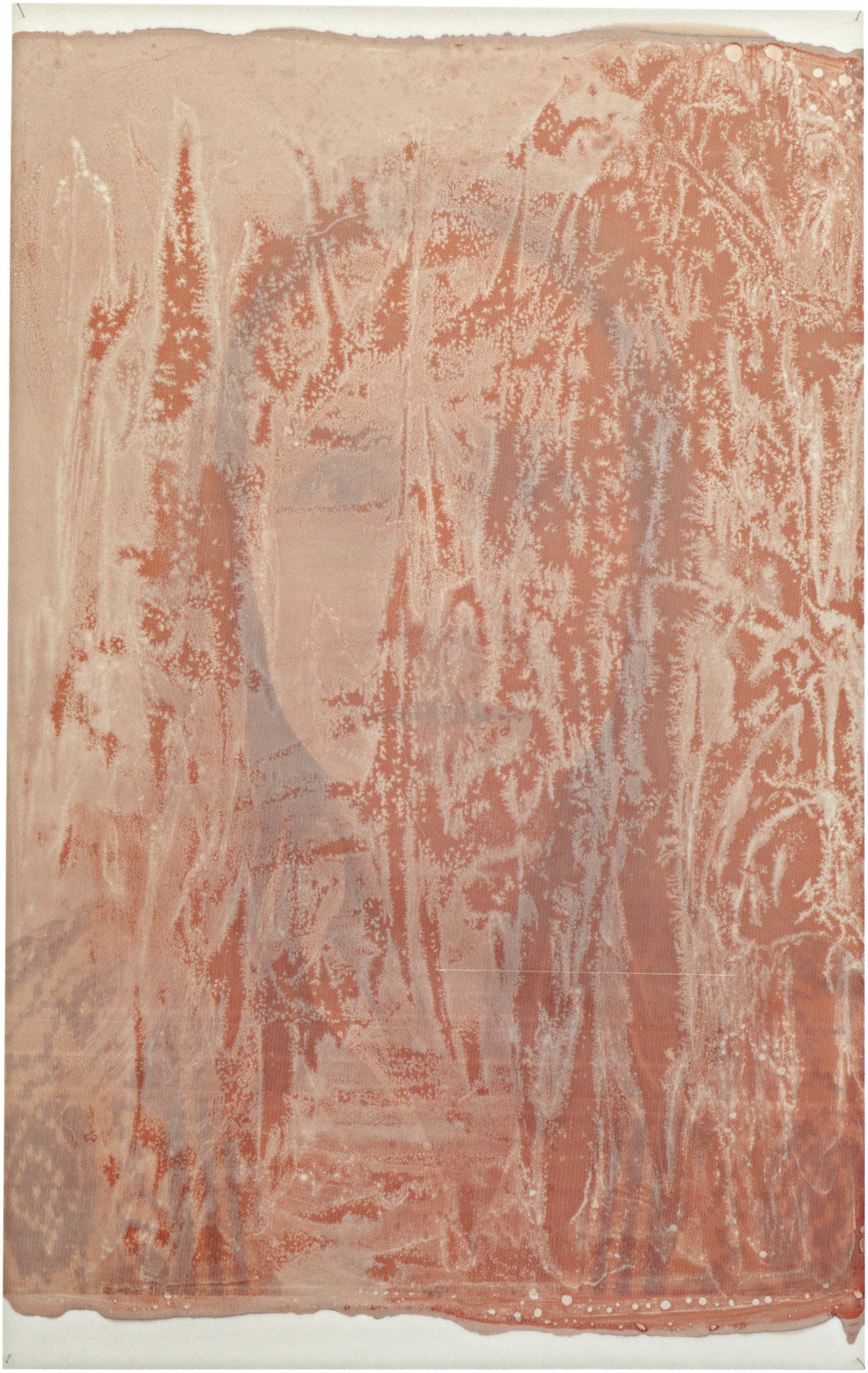

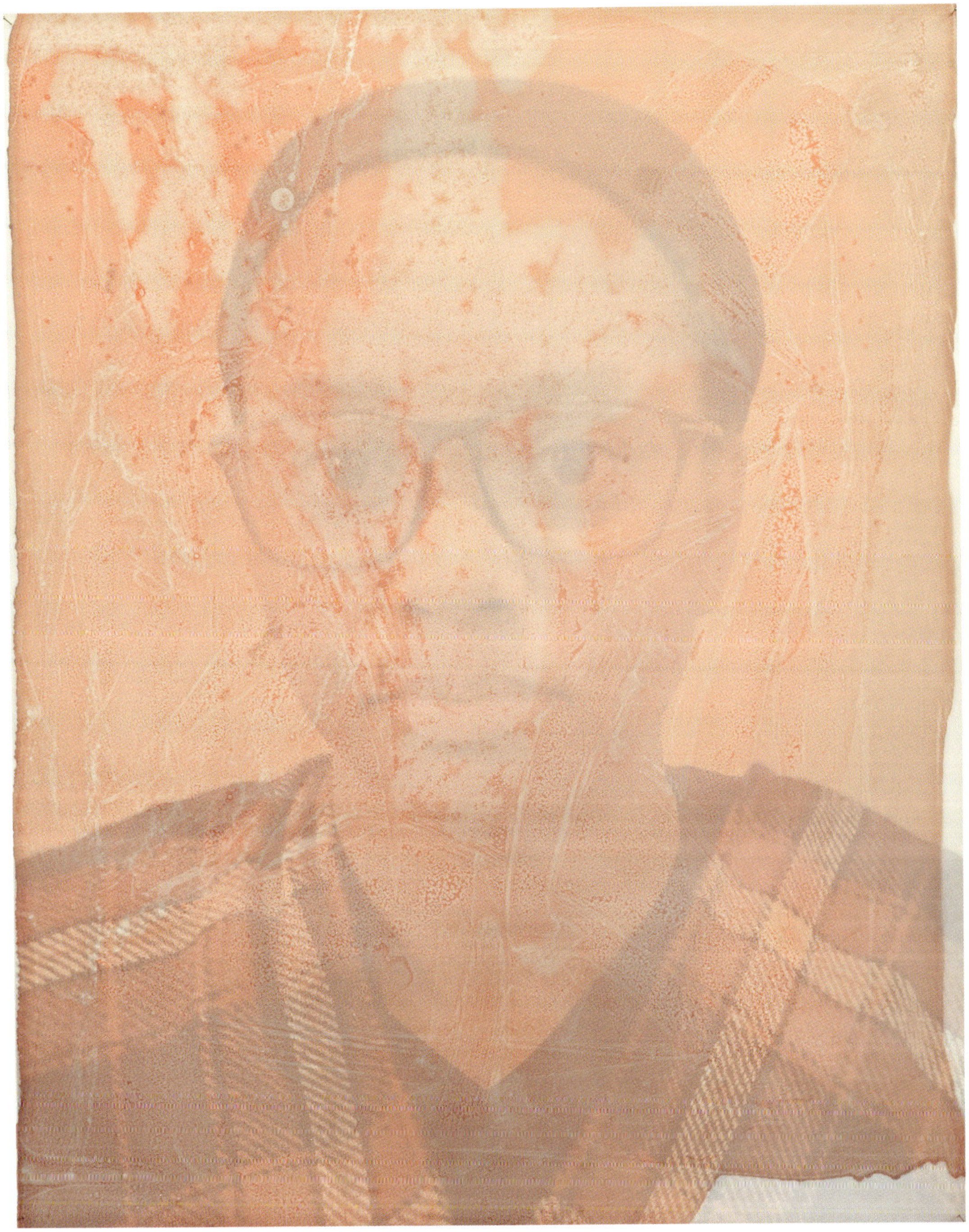

Casey, 2022
Sangue del donatore, mylar,
fotografia a colori /
The donor's blood, mylar,
color photographic print
130 x 106,5 cm
Collezione privata /
Private Collection

Chantay, 2022
Sangue del donatore, mylar,
fotografia a colori /
The donor's blood, mylar,
color photographic print
130 x 106,5 cm
Collezione privata /
Private Collection

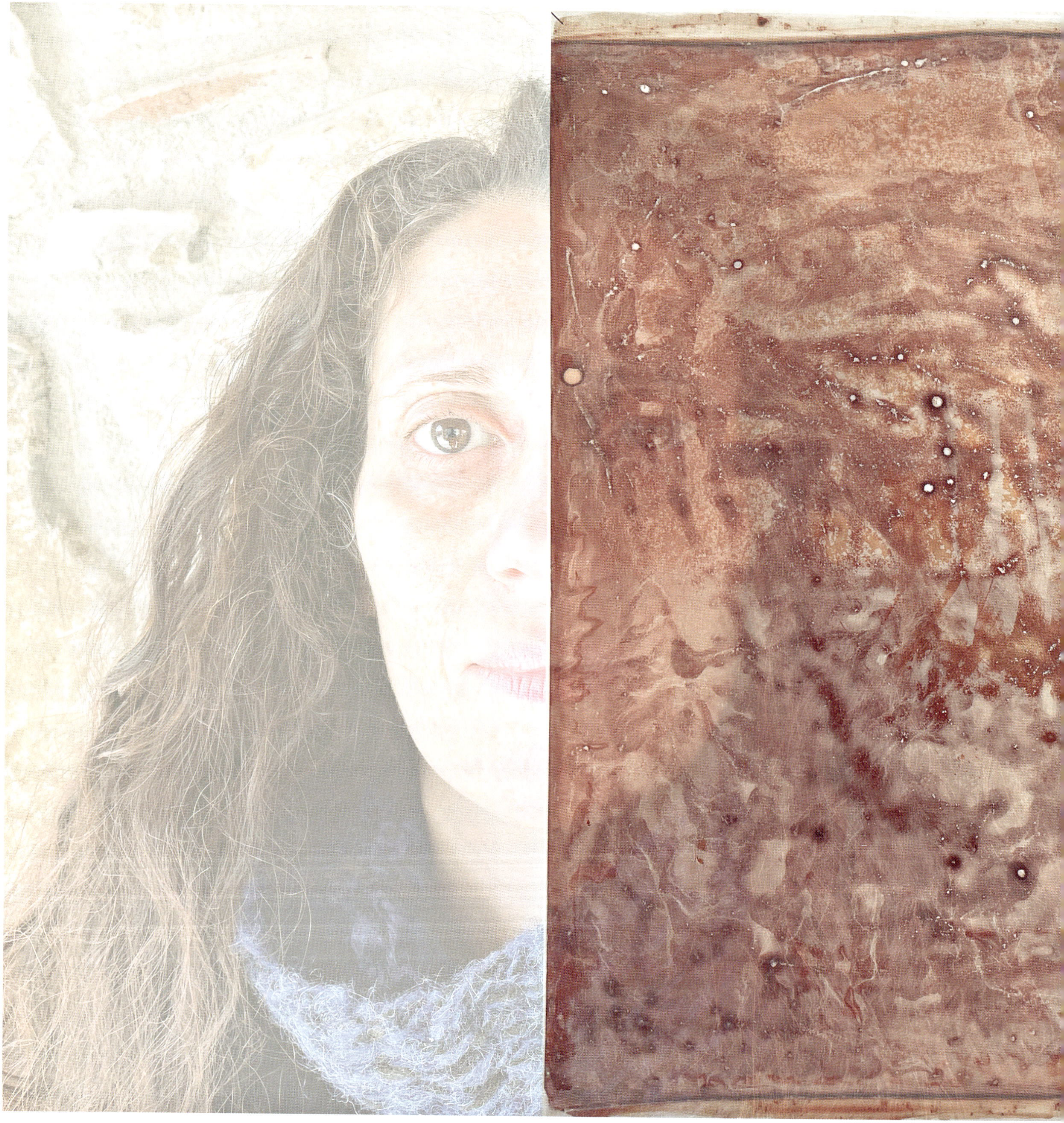

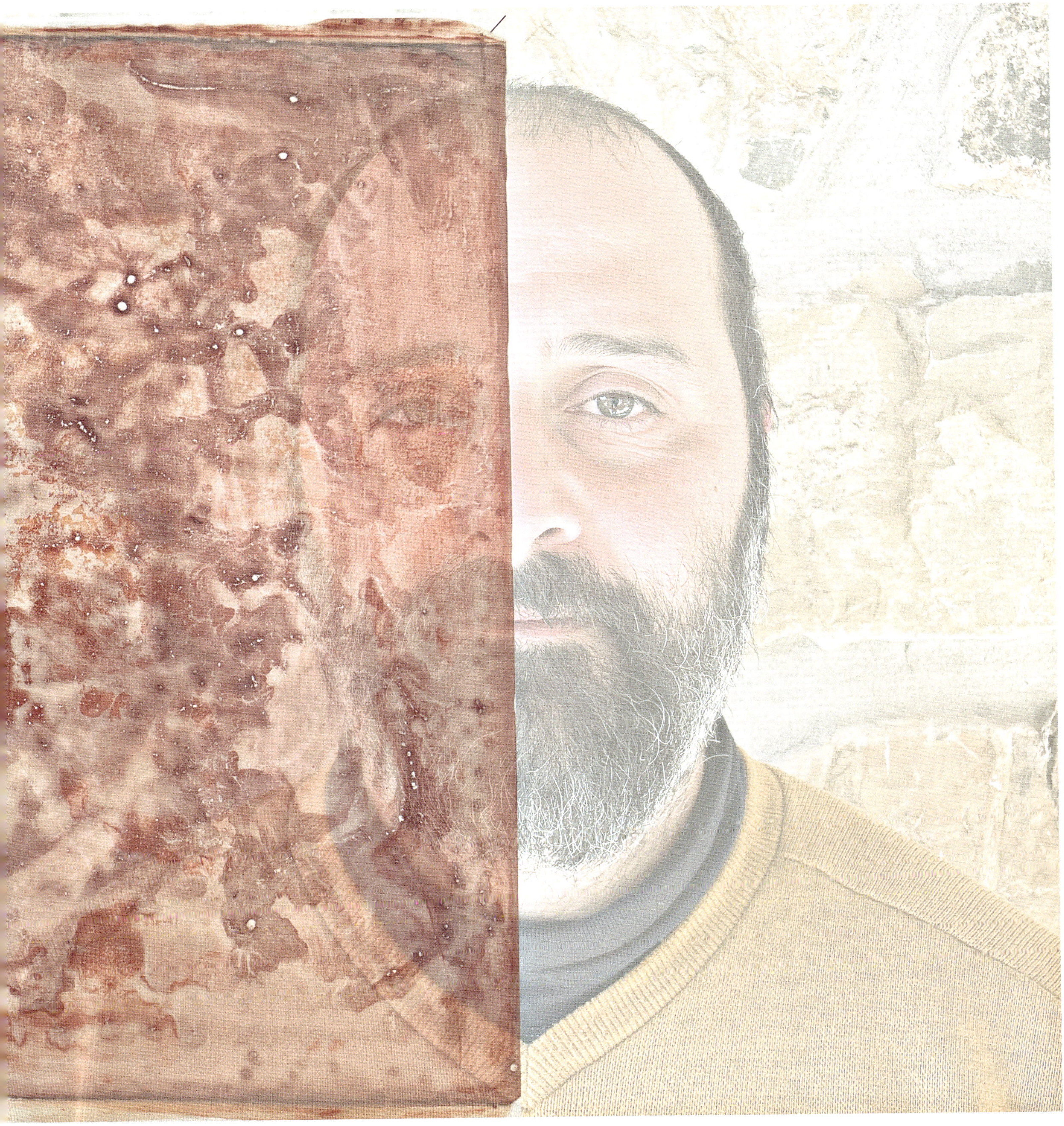

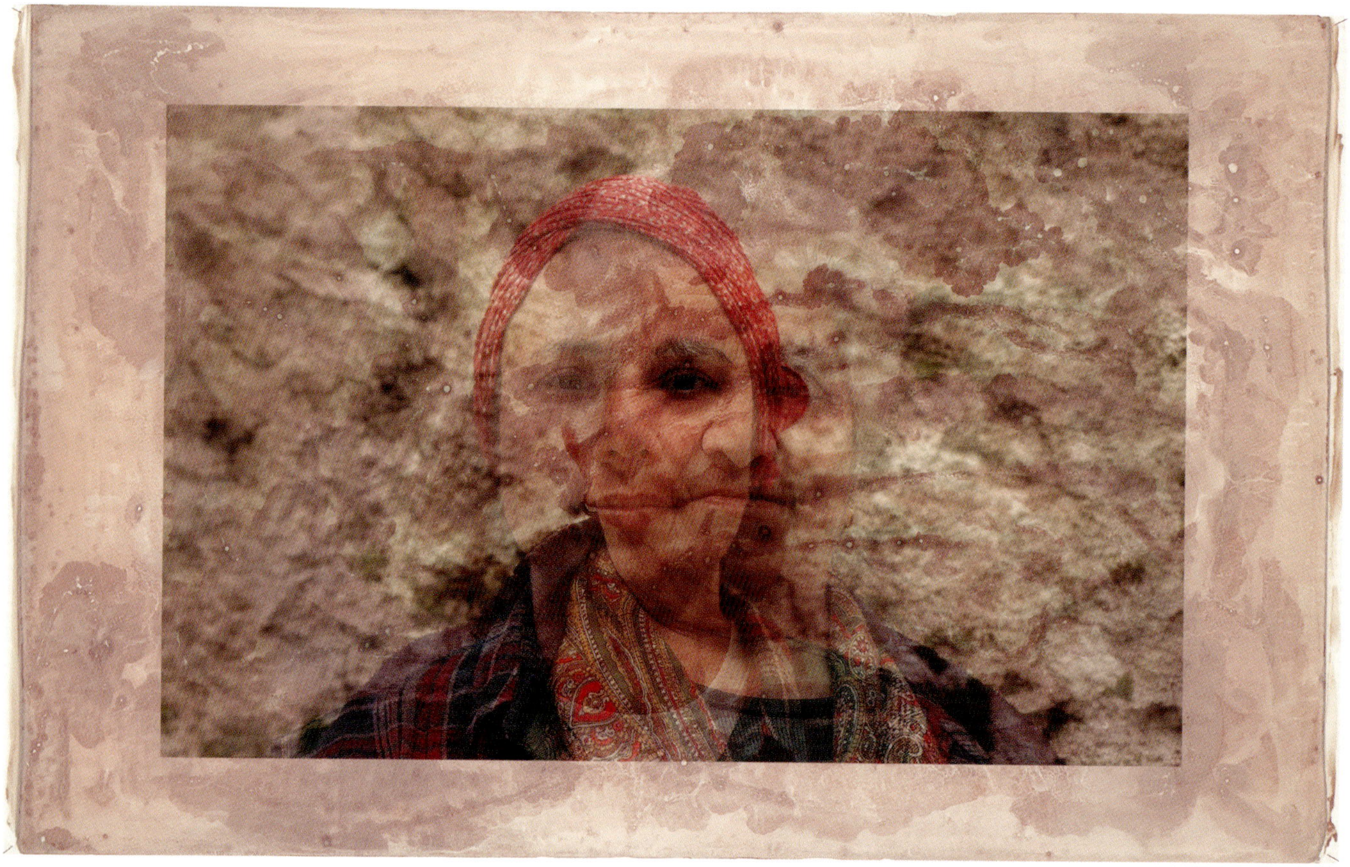

alle pagine precedenti /
on the previous pages

Couplings II, 2022
Sangue del donatore, mylar, fotografia a colori su plexiglass /
The donor's blood, mylar, color photographic print on plexiglass
90 x 180s cm
Collezione privata /
Private Collection*

Generations I, 2022
Sangue del donatore, mylar, fotografia a colori su plexiglass /
The donor's blood, mylar, color photographic print on plexiglass
90 x 180 cm
Collezione privata /
Private Collection*

Father & son II, 2022
Sangue del donatore, mylar, fotografia a colori su plexiglass /
The donor's blood, mylar, color photographic print on plexiglas
150 x 106,5 cm
Collezione privata /
Private Collection*

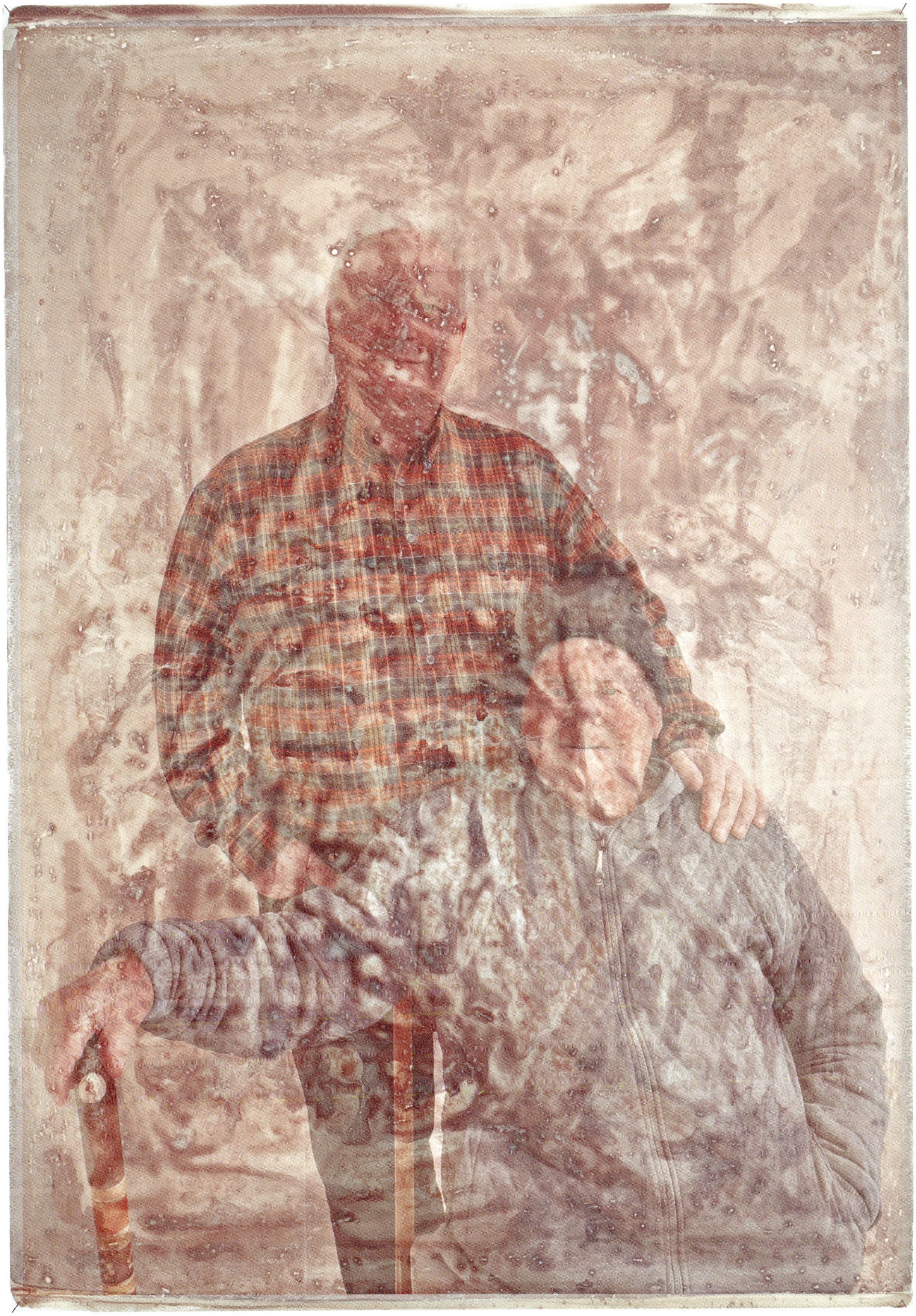

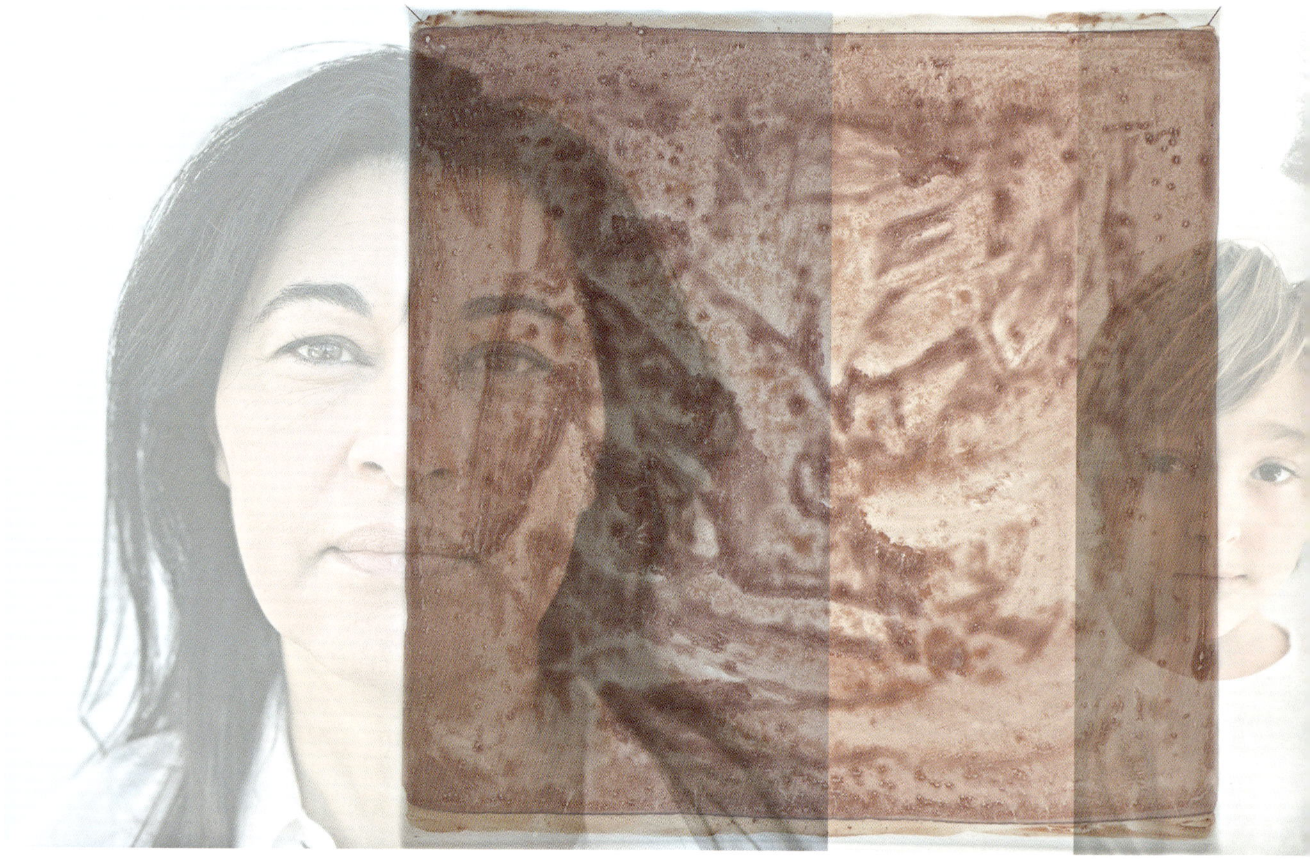

Branciforti Family Portrait, 2022
Sangue del donatore, mylar,
fotografia a colori
su plexiglass /
The donor's blood, mylar,
color photographic print
on plexiglass
90 x 270 cm
Collezione privata /
Private Collection*

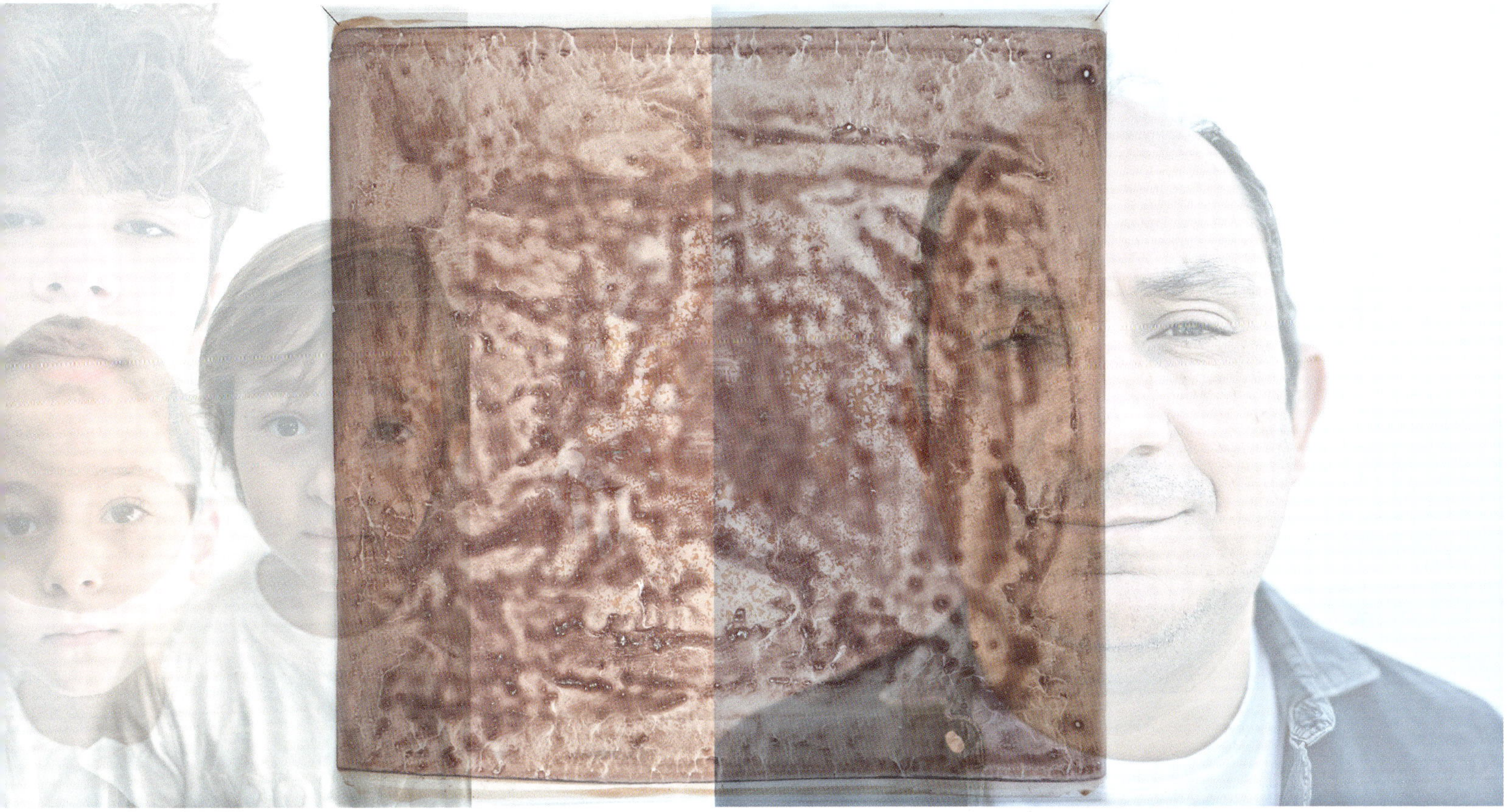

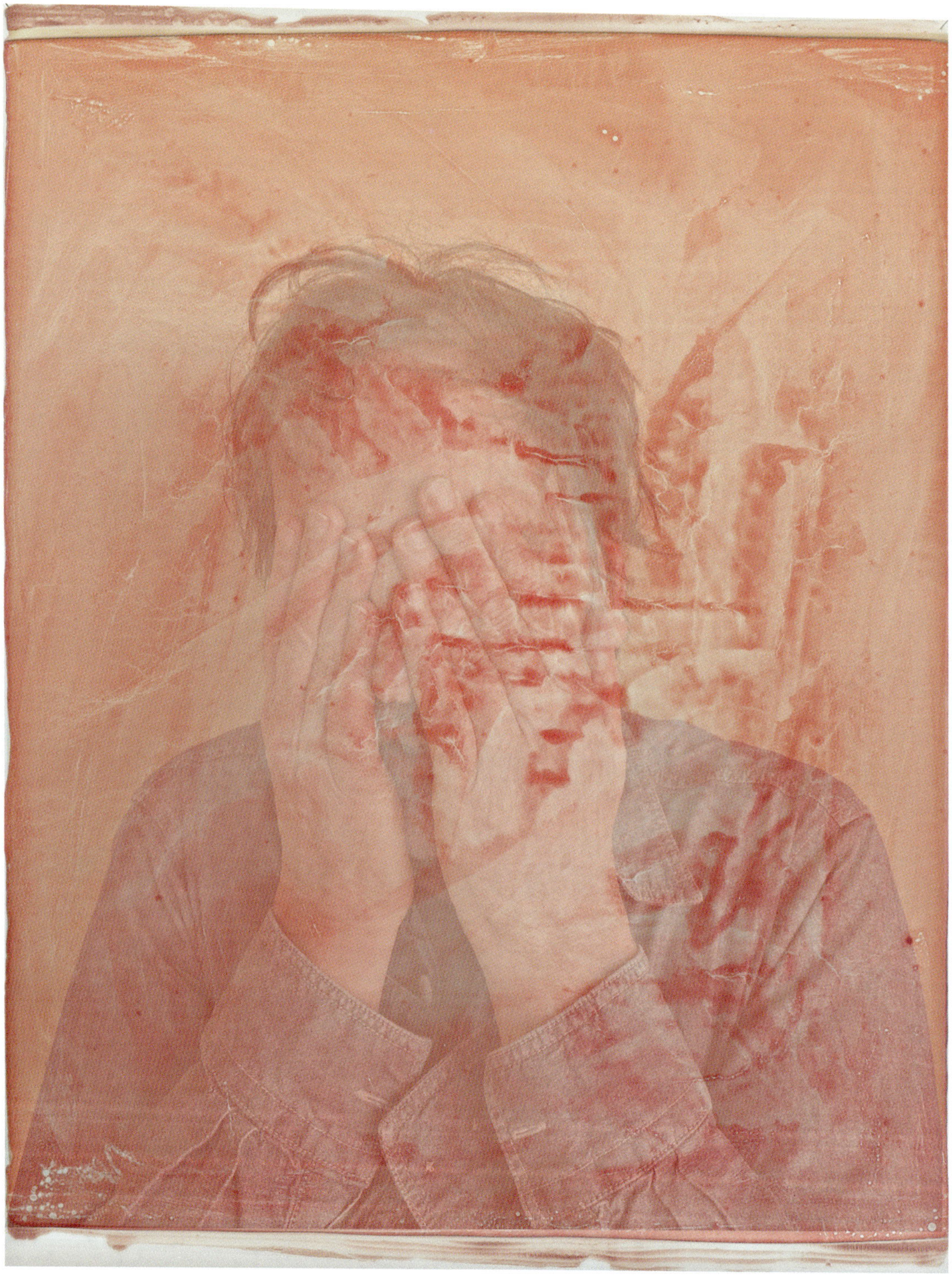

Nick, 2022
Sangue del donatore, mylar,
fotografia a colori /
The donor's blood, mylar,
color photographic print
130 x 106,5 cm
Collezione privata /
Private Collection

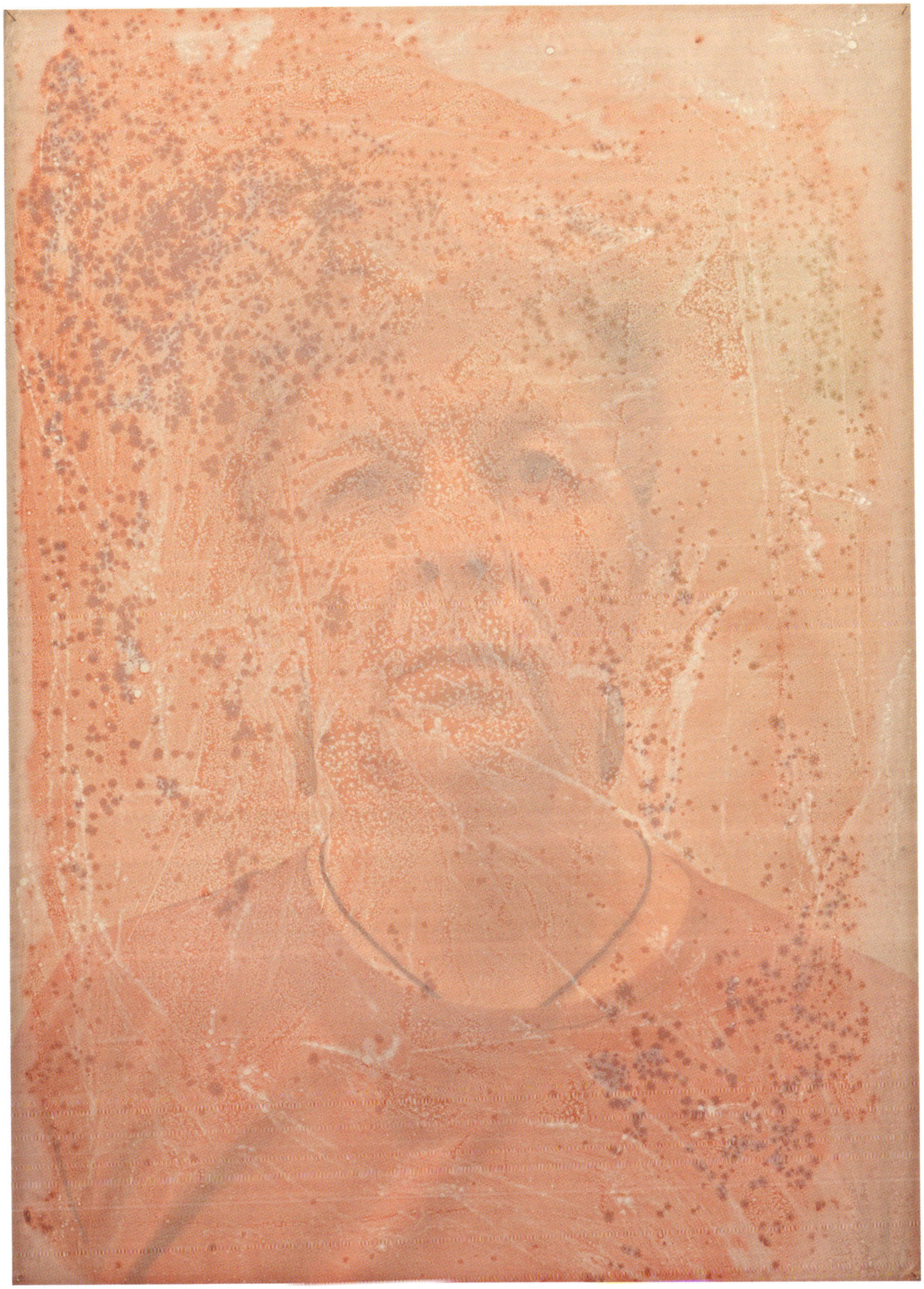

Patricia, 2022
sangue del donatore, mylar,
fotografia a colori /
The donor's blood, mylar,
color photographic print
130 x 106,5 cm
Collezione privata /
Private Collection

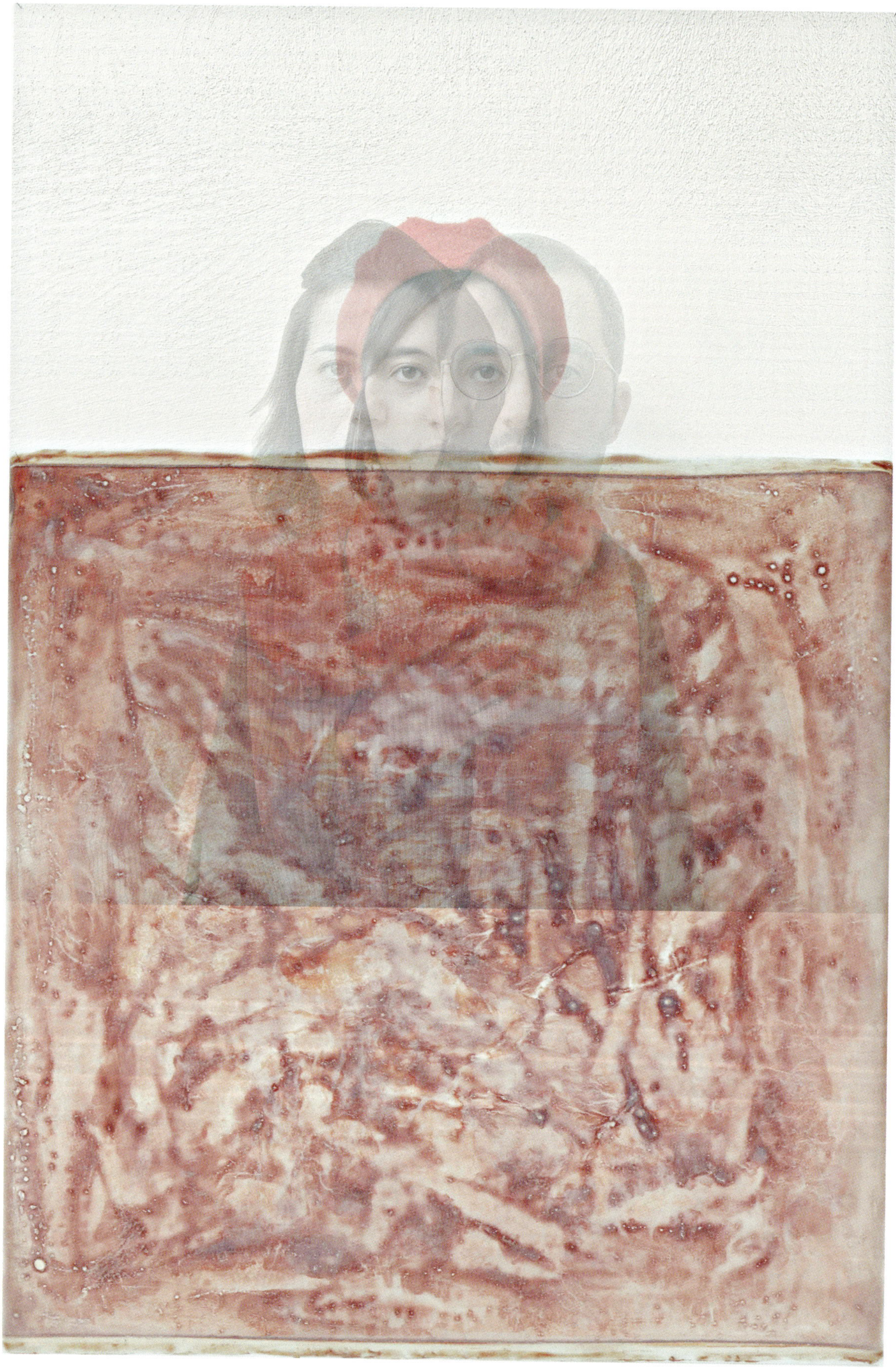

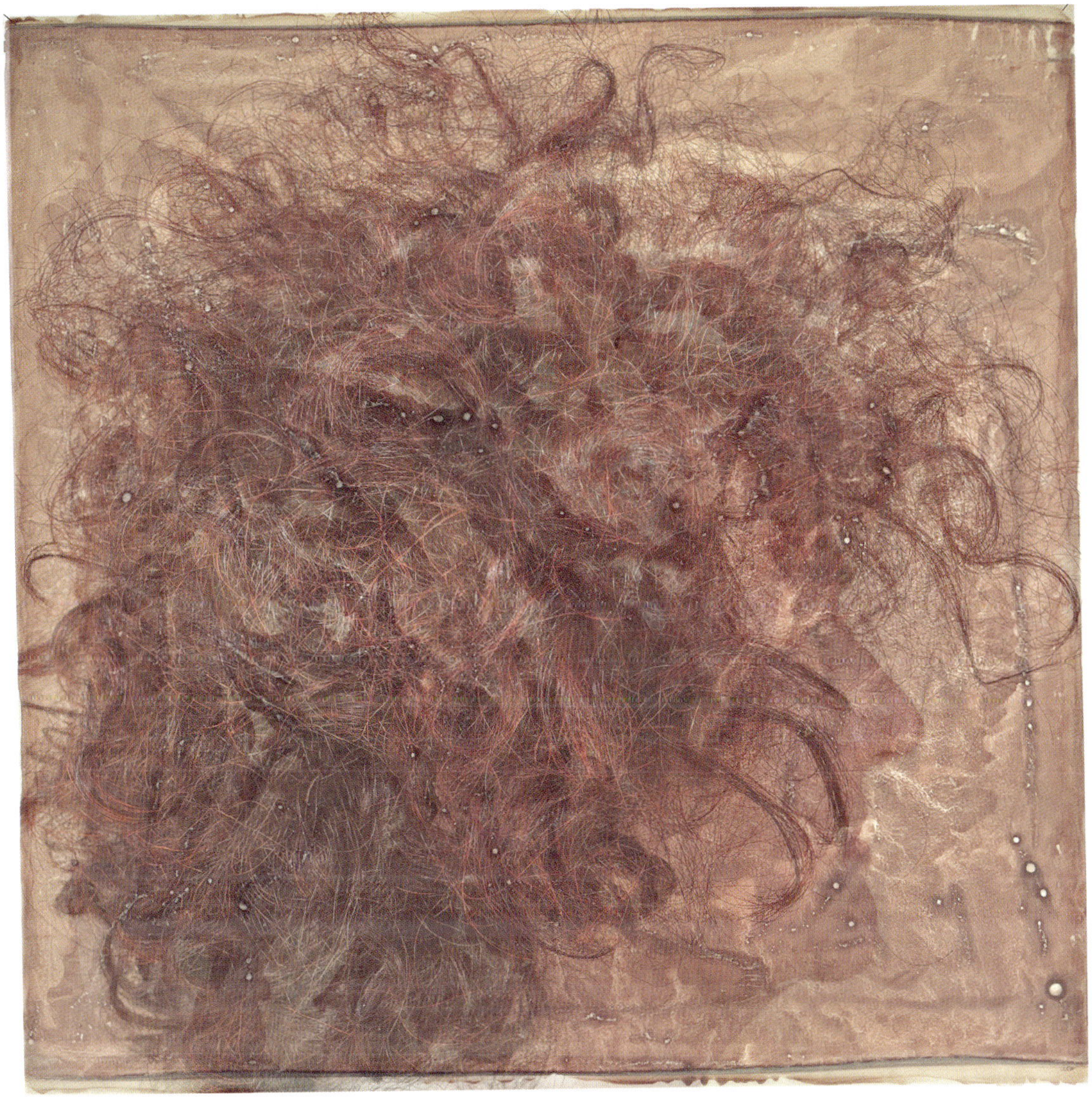

Siblings I, 2022
Sangue del donatore, mylar, fotografia a colori /
The donor's blood, mylar, color photographic print
122 x 122 cm
Collezione privata /
Private Collection*

Olga, 2022
Sangue del donatore, mylar, fotografia a colori /
The donor's blood, mylar, color photographic print
100 x 100 cm
Collezione privata /
Private Collection*

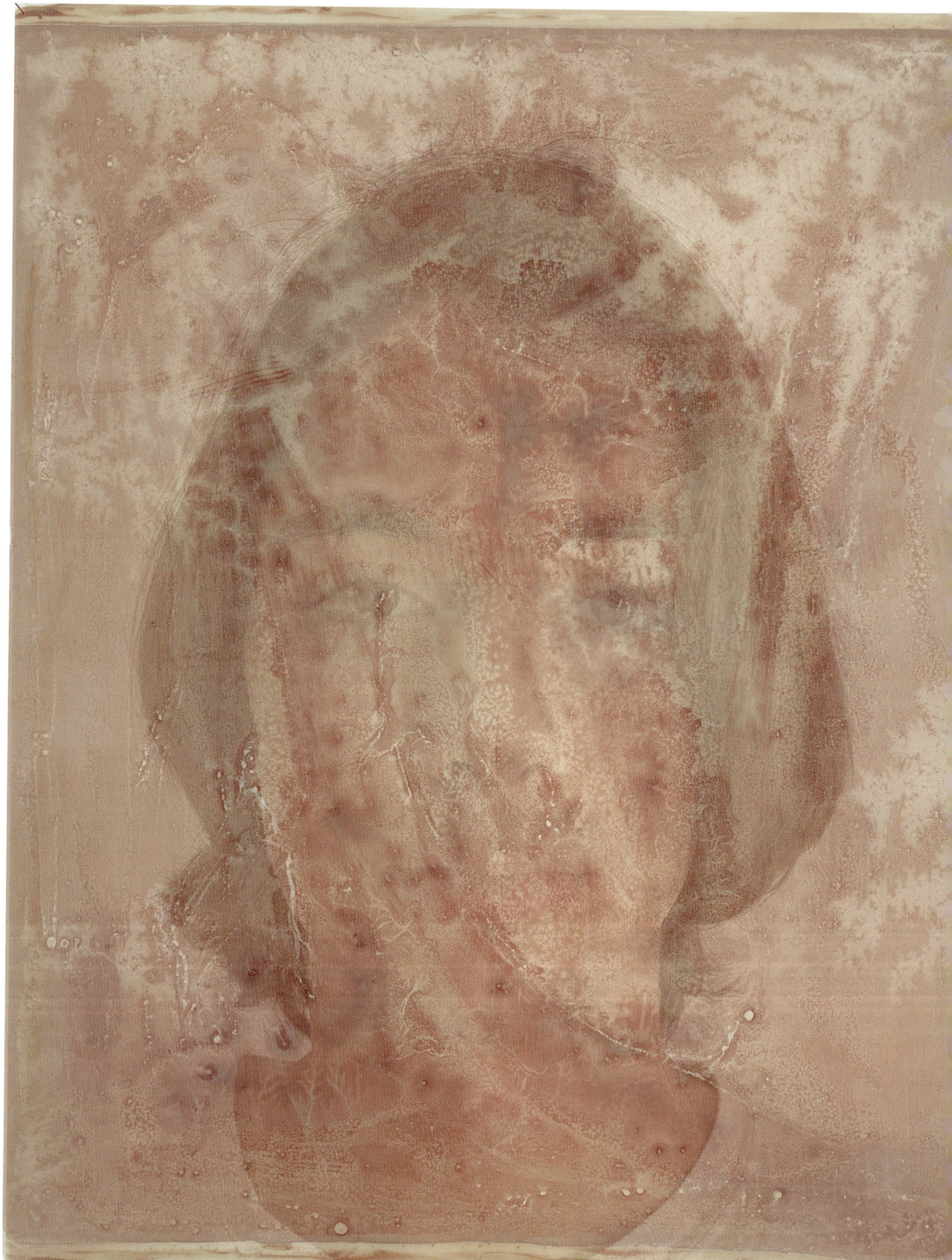

Father & Son I, 2022
Sangue del donatore, mylar, fotografia a colori /
The donor's blood, mylar, color photographic print
90 x 160 cm
Collezione privata /
Private Collection*

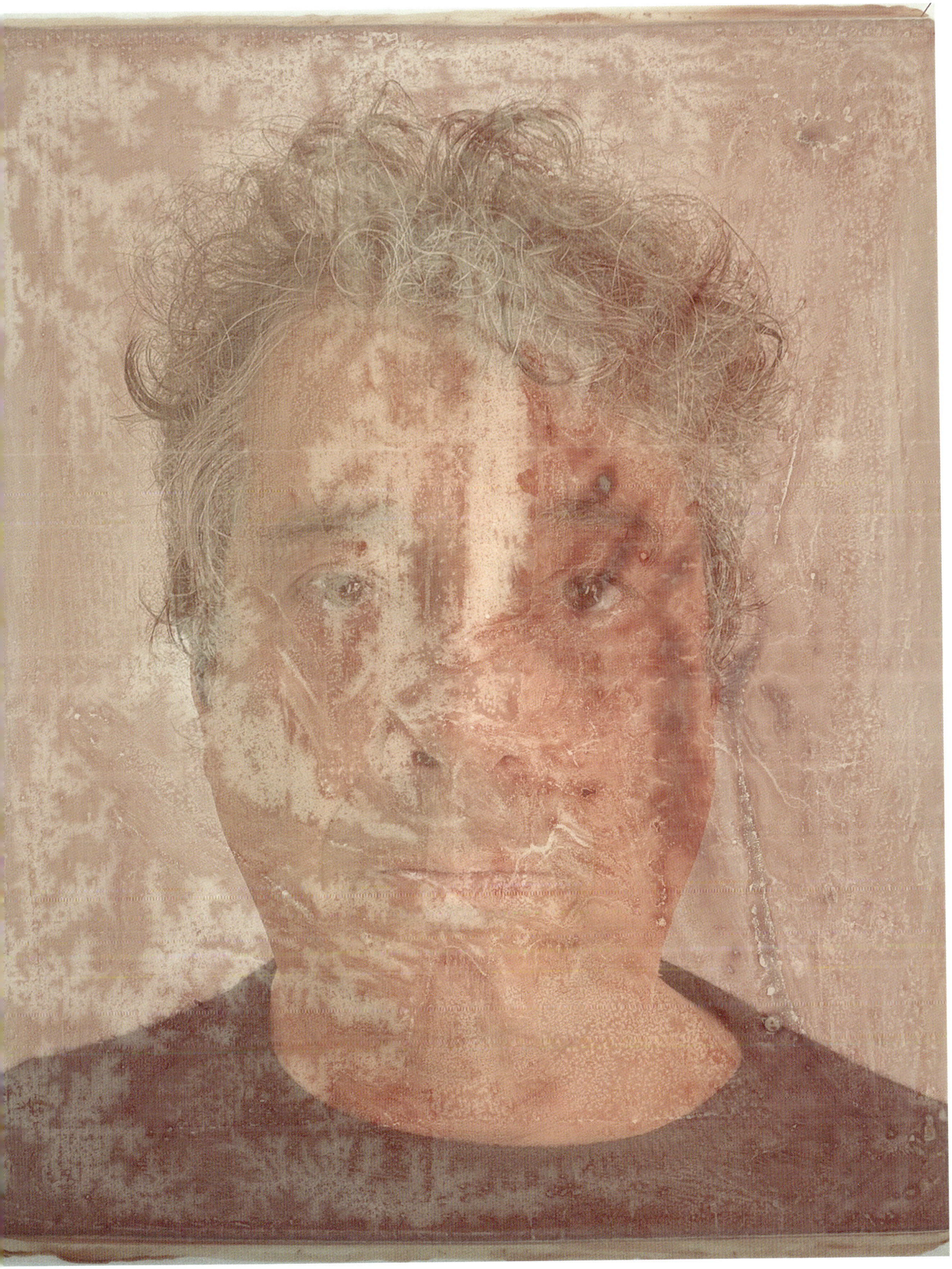

alle pagine successive /
on the following pages

Couplings I, 2022
Sangue del donatore, mylar,
fotografia a colori /
The donor's blood, mylar,
color photographic print
90 x 180 cm
Collezione privata /
Private Collection*

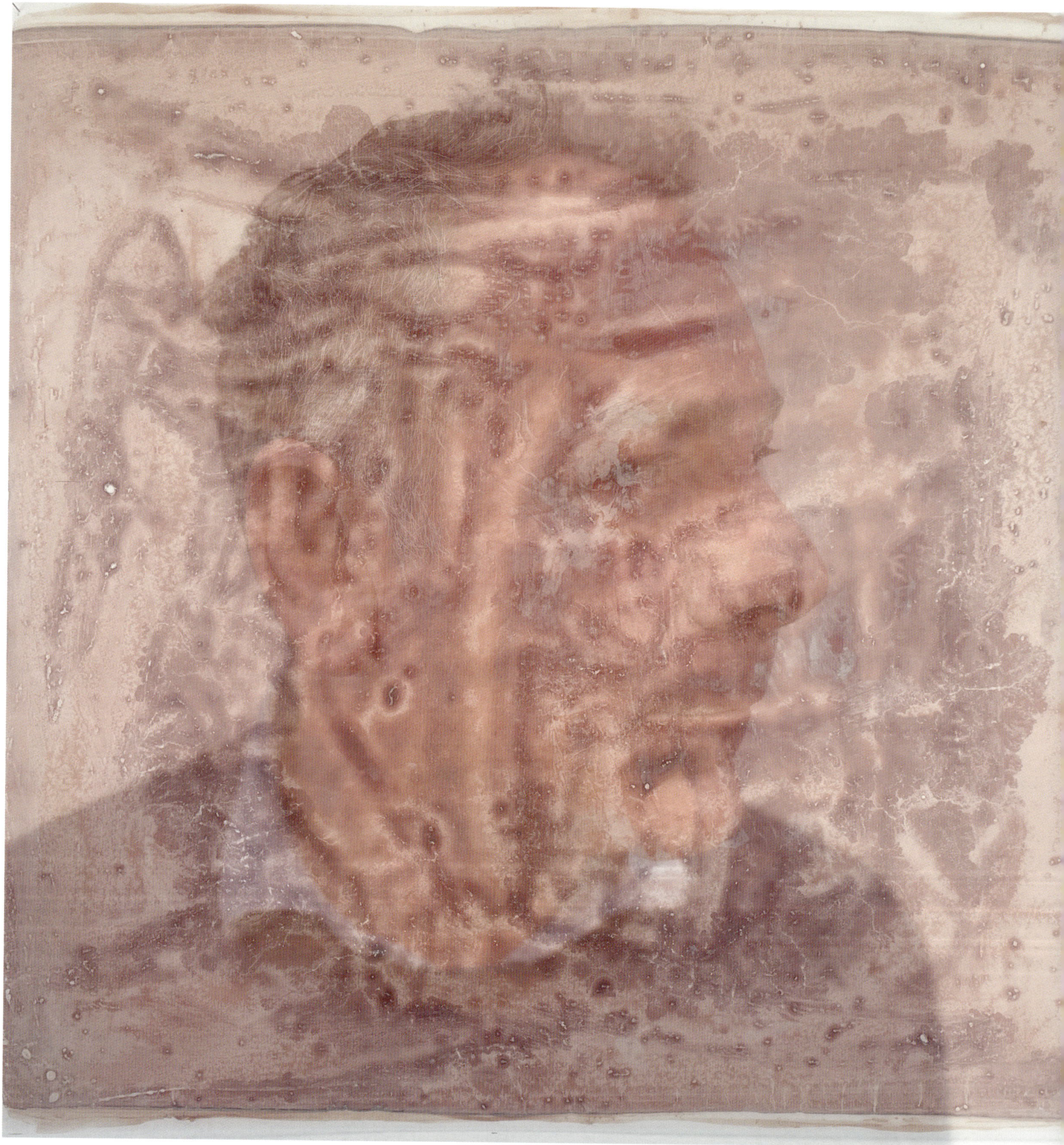

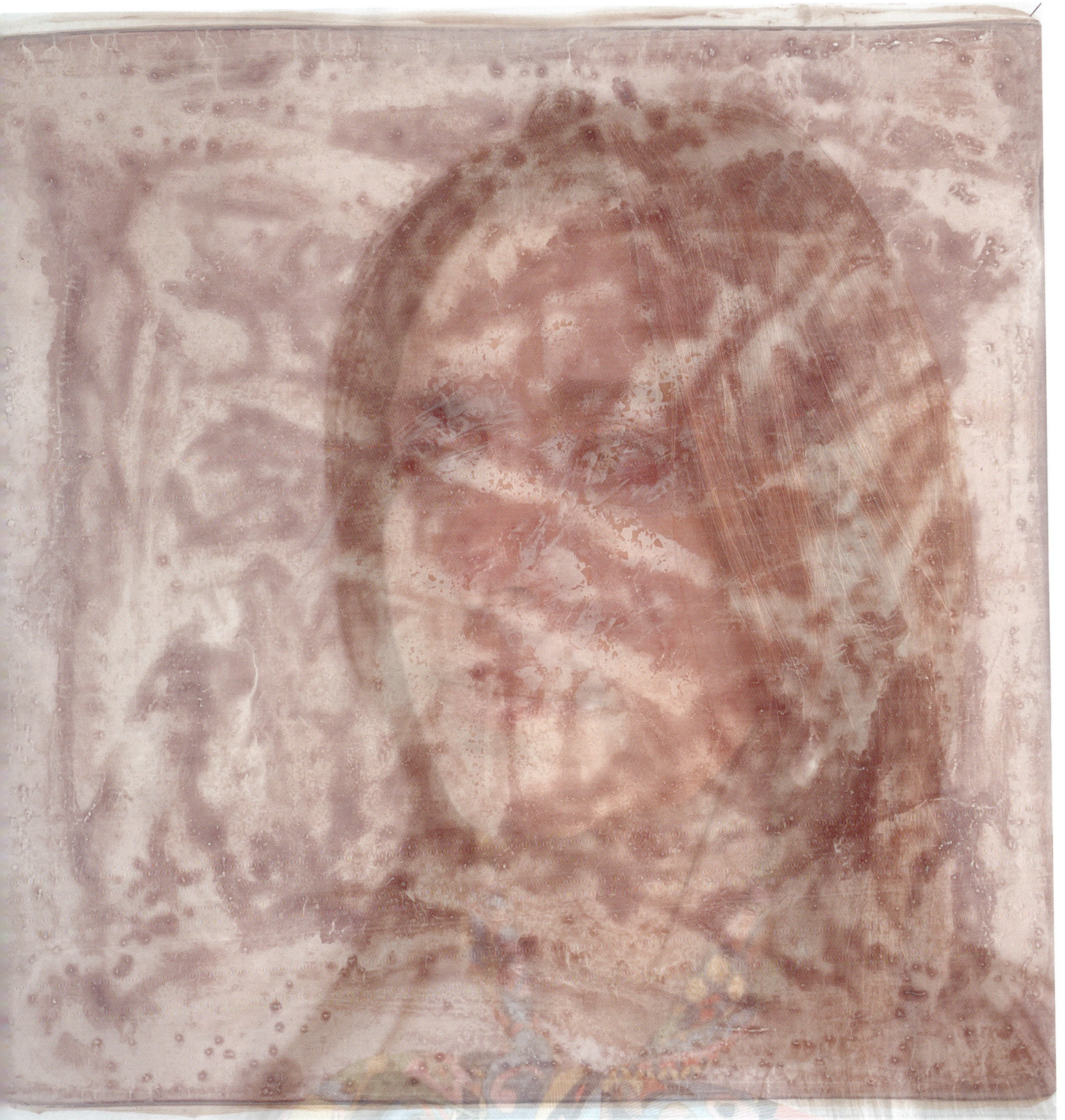

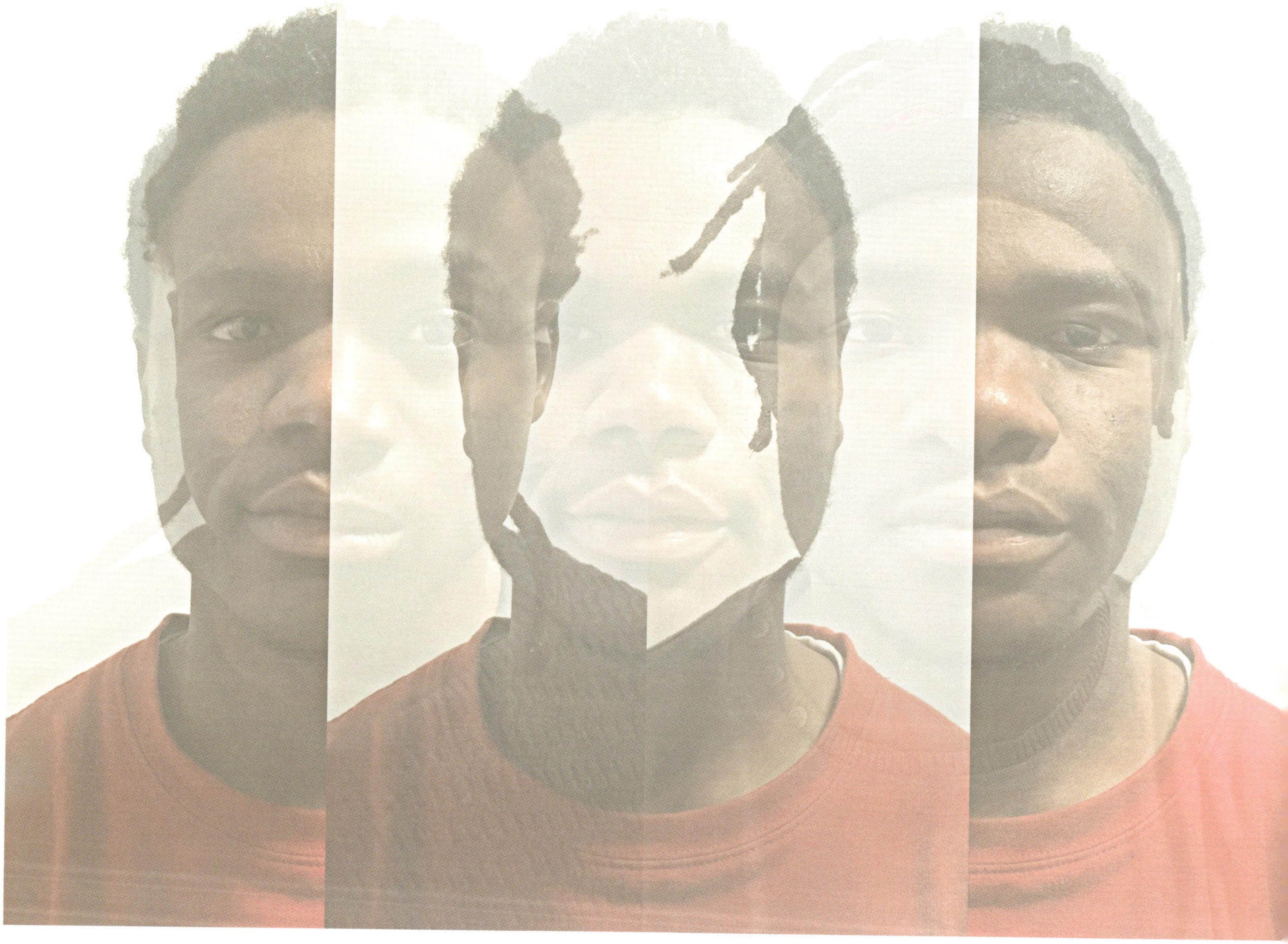

Brothers I, 2020-2022
Sangue del donatore, mylar,
fotografia a colori
su plexiglass /
The donor's blood, mylar,
color photographic print
on plexiglass
132 x 164 cm
Collezione privata /
Private Collection*

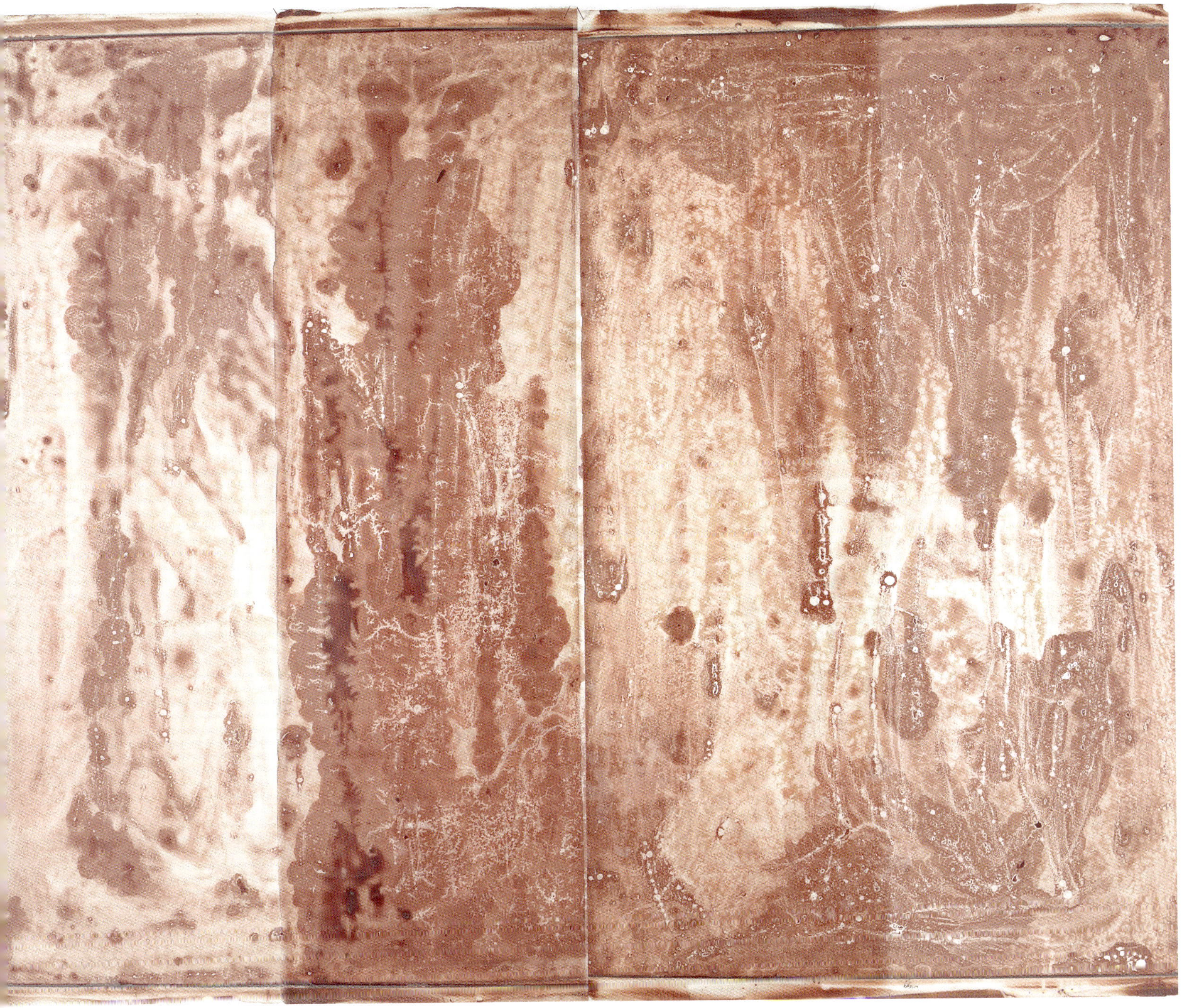

Biografia

L'artista visivo Pietro Costa vive a New York dal 1972. Nato nel 1960, emigrò in America nel 1972 con i suoi genitori e con sua sorella, quando la famiglia si stabilì a New York. Divide il suo tempo tra New York e Sant'Arsenio, il suo paese natale in Campania.

Costa ha conseguito un Bachelor of Fine Arts presso la School of Visual Arts e un Master of Fine Arts dall' Hunter College/CUNY a New York. Ha insegnato disegno alla Parsons School of Design dal 1985 al 1986. A partire dalla sua prima mostra studentesca nel 1979, Costa si mantiene e mantiene la propria famiglia con diversi lavori nella variegata economia newyorkese. Ha vissuto una vita poliedrica che gli ha permesso di spaziare in diverse discipline. Il suo amore per l'architettura lo ha portato a restaurare edifici del primo Novecento e progettare e costruire il proprio atelier.

Durante gli anni dell'università (1978-1982) entra a far parte del sindacato IATSE, International Alliance of Theatrical Stage Employees. IATSE gli apre le porte a una serie di lavori indipendenti nell'industria cinematografica, tra cui animazioni al rotoscopio, grafiche per spot pubblicitari, e film come *Altered States* e *Death Trap*. Dopo la laurea, e per i 14 anni successivi, lavora come allestitore di mostre ed esposizioni temporanee nelle varie sedi del Guggenheim, tra New York e l'Italia, e nello sviluppo della sede di Bilbao, fino alla sua apertura nel 1997. Dal 1996 al 1999 passa tre anni a lavorare per lo scultore Richard Serra nella realizzazione dei primi esemplari della serie *Torqued Ellipses*, dove produce le opere d'arte su larga scala di Serra e ne supervisiona l'allestimento presso il museo MOCA-Los Angeles, DIA Foundation a New York al Guggenheim di Bilbao.

In tutto questo tempo, ha mantenuto la propria attività di artista visivo, esponendo le proprie opere in mostre personali e di gruppo, e accettando commissioni di opere site specific per musei e centri d'arte – il Newhouse Visual Arts Center for Contemporary Art, l'Hudson River Museum, il Katonah Museum, la Certosa di San Lorenzo e il Castello Macchiaroli. Le sue opere sono state esposte in gallerie d'arte in Italia e negli Stati Uniti dal 1982 – la Penine Hart Gallery, la Stark Gallery, la Galleria Piano Nobile e Il Ponte Contemporanea, tra le altre.

L'attività artistica di Costa comprende il disegno, la pittura, la scultura, installazioni site specific e un vocabolario artistico altrettanto ricco per quanto riguarda i materiali: luce, fuoco, metalli, cere, specchi, vetro, parole, il proprio sangue e il sangue di donatori.

Scrittori e critici noti hanno scritto saggi sulle sue opere d'arte – Robert Mahoney, Robert Morgan, Albert Mobilio.

Le mostre e i progetti di Costa sono stati recensiti o documentati da quotidiani e riviste d'arte internazionali – "The New York Times", "Sculpture Magazine", "Arts Magazine", "Art in America", "la Repubblica", "Il Corriere della Sera", "Il Mattino". Le sue iniziative sono state ampiamente documentate anche sui canali televisivi e radiofonici italiani e statunitensi, tra cui Rai 1, Rai 3, Canale 5, Channel 12, Rai Isoradio e Radio Alpha.

Le sue opere d'arte fanno parte della collezione permanente del Solomon R. Guggenheim, la collezione della citta di Miami, di diverse collezioni private e nel 2006, gli sono valse una Fellowship da parte della New York Foundation for the Arts (NYFA).

Costa è fondatore di due organizzazioni no profit: Luquer Street Projects (2001) – volta a incoraggiare collaborazioni interdisciplinari e a pubblicare i libri che ne risultano e BACAS-Borghi Antichi Cultura Arti e Scienze (2017), un centro con due identità nazionali per la cultura, l'arte, e le scienze, con sedi nel Parco del Cilento, Vallo di Diano e Alburni in Campania e nella Hudson Valley a due ore a nord di New York City, dove mantiene uno studio.

Da quando, nel 2006, acquistò questo terreno nella Hudson Valley – parte di quel territorio che la nazione indigena dei Lenape chiamava *Mahicantuck* (ossia il fiume che scorre in entrambe le direzioni) – Costa è attivo nello sviluppo di un progetto site specific volto al ripristino del territorio locale: l'ispirazione viene dalla Land Art, dalle opere di artisti tra cui Agnes Denes e Robert Smithson. Come parte integrante di questo progetto, Costa ha progettato un complesso di raccolta e purificazione dell'acqua piovana che consiste in tre recipienti (o acquitrini) profondi 10 metri e lunghi 150 metri, risorse idriche che creano un'oasi per la fauna locale. Nella primavera del 2021, Costa ha lanciato la *1000 Trees Initiative*, un'iniziativa che, a oggi, ha piantato centinaia di alberi sul proprio terreno.

Dopo una fase di convalescenza dal SARS-CoV-2 nel mese di marzo 2020, Costa si è quindi ritirato in campagna per continuare a realizzare nuove opere, trascorrendo il periodo di lockdown in uno stato di isolamento meditabondo. Durante questo periodo ha iniziato a sovvenzionare il programma lanciato dal Bard College, un'università del luogo, ossia il Bard Prison Initiative (BPI). Questo programma offre istruzione universitaria ai carcerati così che possano ricevere una laurea e reintegrarsi nella società con le competenze acquisite.

Nello stesso periodo, Costa ha progettato e costruito un orto biologico e ha allevato un gruppo di galline, e con queste risorse dona uova e verdure alle mense locali, ai frigoriferi comunitari e alle scuole.

In quest'universo fatto da sé, dove individui e società si mischiano e interagiscono con la natura, l'artista continua a sviluppare la sua attività mediante l'esplorazione di identità spaziali, materiali, e biologiche.

Biography

Visual artist Pietro Costa (1960) has been living in New York since 1972, where he immigrated with his parents and sister. He has been splitting his time between New York and his birthplace Sant'Arsenio, Campania, Italy.

Costa received a Bachelor of Fine Arts from the School of Visual Arts and a Master of Fine Arts from Hunter College/CUNY in New York. He taught drawing at the Parsons School of Design 1985-1986. Since his first student exhibition in 1979, he supported himself and his family by working in various sectors of the New York economy. Costa has lived a polyhedral life which has allowed him to learn and work within a wide-range of disciplines. His love for architecture led him to restore numerous turn-of-the-century buildings, as well as design and build his own studio.

During his college years (1978-1982), he joined IATSE-International Alliance of Theatrical Stage Employees union, while continuing his studies, allowing him to work freelance, in the film industry doing rotoscoping animation and graphics for TV commercials and films like Altered States and Death Trap, among others. After receiving his Bachelor of Fine Arts (1982) he began a fourteen year tenure installing exhibitions in the various Guggenheim Museums locations – in New York, in Italy and working on the development of the Guggenheim Bilbao until its opening in 1997. From 1996 to 1999, he spent three years working with the sculptor Richard Serra, on the realization of the first *Torqued Ellipses*, producing his large-scale forged works and overseeing the installation of Serra's exhibitions at MOCA-Los Angeles, DIA Foundation in New York and at the Guggenheim, Bilbao.

During all this time he maintained his own visual arts practice having his work shown in group and one person exhibitions, while also undertaking site-specific commissions for museums and arts centers – Newhouse Visual Arts Center for Contemporary Art, The Hudson River Museum, The Katonah Museum, The Certosa di San Lorenzo and The Castello Macchiaroli. His work has been shown in galleries in the USA and Italy since 1982 — the Penine Hart Gallery, the Stark Gallery, Galleria Piano Nobile, Il Ponte Contemporanea, among others.

Costa's practice crosses drawing, painting, sculpture and site-specific installations, employing a wide-ranging vocabulary of media — light, fire, metals, waxes, mirrors, glass, words, his own blood and the blood of donors.

His work has been the subject of essays by notable authors – Robert Mahoney, Robert Morgan and Albert Mobilio. An international list of Newspapers and art magazines have written about his exhibitions and projects — The New York Times, Sculpture Magazine, Arts Magazine, Art in America, La Repubblica, Il Corriere della Sera, Il Mattino. His initiatives have also received extensive television and radio coverage in the US and in Italy — Rai 1, Rai 3, Canale 5, Channel 12, Rai Isoradio and Radio Alpha.

Costa's work is in the permanent collection of the Solomon R. Guggenheim Museum, the city of Miami Police Academy, in private collections and has received a New York Foundation for the Arts Fellowship (2006).

Costa founded two Not-for-Profits: Luquer Street Projects (2001) – to encourage interdisciplinary collaborations and publish the resulting books and BACAS-Borghi Antichi Cultura Arti e Scienze (2017), a bi-national center for culture, arts and sciences, with locations in the Parco del Cilento, Vallo di Diano e Alburni in Campania and the Hudson Valley in New York, 2 hours north of New York City, where he maintains a studio.

Since 2006, when he purchased this land in the Hudson Valley – which the indigenous Lenape Nation referred to as *Mahicantuck* (meaning *the river that flows both ways)* — Costa has been developing a site-specific land restoration project, inspired by the Land Art of artists like Agnes Denes and Robert Smithson. As part of this project, Costa designed a rainwater detention and purification system consisting of three vessels (ponds) measuring 10m deep and 150m long, creating a haven for wildlife. In the Spring of 2021, Costa launched the *1,000 Trees Initiative* which has planted hundreds of trees on the same land.

After convalescing from SARS-CoV-2 in March of 2020, Costa retreated to this land to continue making new work, spending the lockdown period in a reflective isolation. During this period, he began to support the programming of Bard Prison Initiative (BPI) - which offers college education behind bars so incarcerated people can receive a college degree and re-enter society with the new skills.

During the same period, Costa spent time designing and building an organic garden and raising a flock of chickens, both of which now provide free eggs and vegetables to nearby soup kitchens, community fridges and schools.

In this self-made universe, where individuals and society mix and interact with nature, Costa continues to develop his visual art practice exploring spatial, material and biological identity.

Mostre selezionate
Selected Exhibitions

Mostre personali / Solo Exhibitions

1987
Fragmentum - Painting Objects, Hunter College Gallery, New York City, New York, 12-17 ottobre / October

1993
IPSE, David Beitzel Gallery, New York City, New York, 18 marzo / March - 17 aprile / April

1994
A Tembola Rossa, Galleria Il Ponte, Roma, Italia; Il Ponte, Roma, 9 giugno / June - 4 luglio / July
Pietro Costa Recent Works. Bloodworks, Penine Hart Gallery, New York City, New York, 8 settembre / September - 8 ottobre / October
Blood and neon, Piano Nobile, Perugia, Italia; Piano Nobile, Perugia, 15 ottobre / October - 30 novembre / November

2003
Conflicts & War, Katonah Museum of Art, Katonah, New York, 11 maggio / May - 26 ottobre / October
Sangue dalle grotte, Pertosa, Italia, 1-30 agosto / August
Torri e Colonne di Luce, Certosa di San Lorenzo, Padula, Italia; Certosa di San Lorenzo, Padula, 1 agosto / August - 2 novembre / November

2006
Light Structures, Il Ponte Projects, Roma, Italia, aprile-maggio / April-May

2008
Play Sand, The Mooradian Building, Troy, New York, 4 luglio / July - 30 settembre / September

2011
Grace, 10 years since, BDG Gallery, Brooklyn, New York, New York, 11 settembre / September - 30 ottobre / October
Grace, 10 years since, Colonial Heritage of Florida & Triennial, Miami, Florida, 29 novembre / November - 27 dicembre / December

2017
Per Carlo Levi, il povero cristo, Aliano, Italia, 22-25 agosto

2018
L'ultime sette parole, Chiesa di San Ciro, Atena Lucana, Italia, 22-26 aprile
In residence at BACAS, Castello Macchiaroli, Teggiano, Italia, 15 luglio / July -31 agosto / August

2019
Acqua, pane e (petr)olio, chiesa di San Ciro, Atena Lucana, Italia, 22-26 aprile / April

2022
Pietro Costa. /ri.tràt.ti/ /ˈpôr̦trāts/, a cura di Chiara Spangaro, Museo di Palazzo Pretorio, Prato, Italy, 23 aprile / April - 31 luglio / July; Silvana Editoriale, Cinisello Balsamo (Mi)

Mostre collettive / Group Exhibitions

1982
Group Exhibition, Visual Arts Gallery, New York City, New York, 10-21 maggio / May

1988
Group Exhibition, John Davis Gallery New York City, New York, 7-24 dicembre / December
Group Exhibition, Hunter College Gallery, New York City, New York, 21 dicembre / December - 15 gennaio / January 1989

1990
Geometry on Site, Soho Center for Visual Artists, New York City, New York, 21 febbraio / February - 31 marzo / March

1991
Block prints, a cura di Vincent Longo, Hunter College Gallery, New York City, New York, giugno / June
Emerging Sculptors. Brian Albert, Pietro Costa, Peter Rizzo, Beverly Semmes, a cura di / curated by Marian Griffiths, Sculpture Center, New York City, New York, 20 novembre / November - 24 dicembre / December

1992
The wall project, a cura di / curated by Muranushi / Lederman, Sculpture Center, New York City, New York, 10-25 aprile / April
The Sculptural Body, a cura di / curated by Margaret Thatcher, Stark Gallery, New York City, 2-25 giugno / June
Group Exhibition, Thread Waxing Space, New York City, New York, 1 luglio / July - 7 agosto / August
Voices and Vision Voci e Visioni, curated by Diane Kelder, Staten Island College Gallery, Staten Island, New York, 15 ottobre / October - 5 novembre / November
55 Ferris Street, a cura di / curated by Frederieke Taylor, 55 Ferris street, Brooklyn, New York; 55 Ferris street, Brooklyn, 17 ottobre / October - 21 novembre / November
Lo Spirito, a cura di / curated by Olivia Georgia, Newhouse Center for Contemporary Art, Staten Island, New York City, New York; Newhouse Center for Contemporary Art, Staten Island, 18 ottobre / October 1992 - 10 gennaio / January 1993

1993
Eclectic Electric, a cura di Lou Ann Colodney, COCA-Center for Contemporary Art, North Miami, Florida; COCA-Center for

Contemporary Art, North Miami, 9 settembre / September - 16 ottobre / October
55 Ferris Street Drawings, Jessica Berwind Gallery, Philadelphia, Pennsylvania, 10 settembre / September - 16 ottobre / October
55 Ferris Street Drawings, Wynn Kramarsky, New York City, 29 ottobre / October - 20 novembre / November

1994
Life / Boat, a cura di / curated by Robert Mahoney, Rotunda Gallery, Brooklyn, New York, 5 marzo / March - 9 aprile / April
Opera Prima, a cura di / curated by Giacinto di Pietroantonio, Flash Art Museum, Trevi, Italia, giugno-agosto / June-August

1997
Group Exhibition, a cura di / curated by Stuart Horodner, Karen Goldman Fine Arts, New York City, New York, giugno-agosto / June-August

1999
Drip, Blow, Burn. Bill Viola, Dennis Oppenheim, Andy Warhol, Meg Webster, Jannis Kounellis, Donald Lipski, Robert Whitman, Betty Beaumont, Bill and Mary Buchen, Pietro Costa, Eve Andree Laramee, MiYoung Sohn, Ray Beldner, Roman de Salvo, Stacey Levy, a cura di / curated by Ellen Keiter, Hudson River Museum, Yonkers, New York, 12 febbraio / February - 20 giugno / June; Hudson River Museum, Yonkers

2002
In Response, Savannah College of Art & Design (SCAD), Savannah, Georgia, 11 settembre / September - 30 novembre / November
Celebrate: 10th Anniversary, a cura di / curated by Achille Bonito Oliva, Il Ponte Contemporanea, Roma, Italia; Il Ponte Contemporanea, Roma
The Magic of Light. Stephen Antonakos, Susan Chorpenning, Pietro Costa, Dan Flavin, Felix Gonzalez-Torres, Kenny Greenberg, Robert Irwin, Sheila Moss, Liz Phillip, Erwin Redl, Keith Sonnier, Robert Thurmer, James Turrell, a cura di / curated by Ellen Keiter, Hudson River Museum, Yonkers, New York, 2 febbraio / February - 19 maggio / May; Hudson River Museum, Yonkers

2003
Celebrate-The Bridges of Art, a cura di / curated by Achille Bonito Oliva, Il Ponte Contemporanea, Roma, ottobre-novembre / October-November

2006
Opere e giorni – Ortus-Artis, a cura di / curated by Achille Bonito Oliva, Certosa di San Lorenzo, Padula, Italia; Certosa di San Lorenzo, Padula, 23 giugno / June - 23 settembre / September

2008
Group Exhibition, Martinez Gallery, Troy, New York, 7 gennaio / January - 10 febbraio / February

2011
Summer Exhibition. Blumfeld, Cannavacciuolo, Cobo, Costa, Mochetti, Pisani, Sonnier, Tatafiore, Il Ponte Contemporanea, Rome, Italia, luglio-agosto / July-August

2019
Opere, idee, progetti, persone dalla collezione del Madre. Marisa Albanese, Monica Biancardi, Pietro Costa, Jimmie Durham, Mimmo Jodice, Pierpaolo Lista, Nino Longobardi, Bianco-Valente, Mimmo Paladino, Nicholas Tolosa, Ivano Troisi, a cura di / curated by Andrea Villani e Silvia Salvati, Castello Macchiaroli, Teggiano, Italia, 10 luglio / July - 15 febbraio / February 2020; Electa, Napoli
Gretchen Faust, *Emerging Sculptors at the Sculpture Center*, in "Arts Magazine", 1991

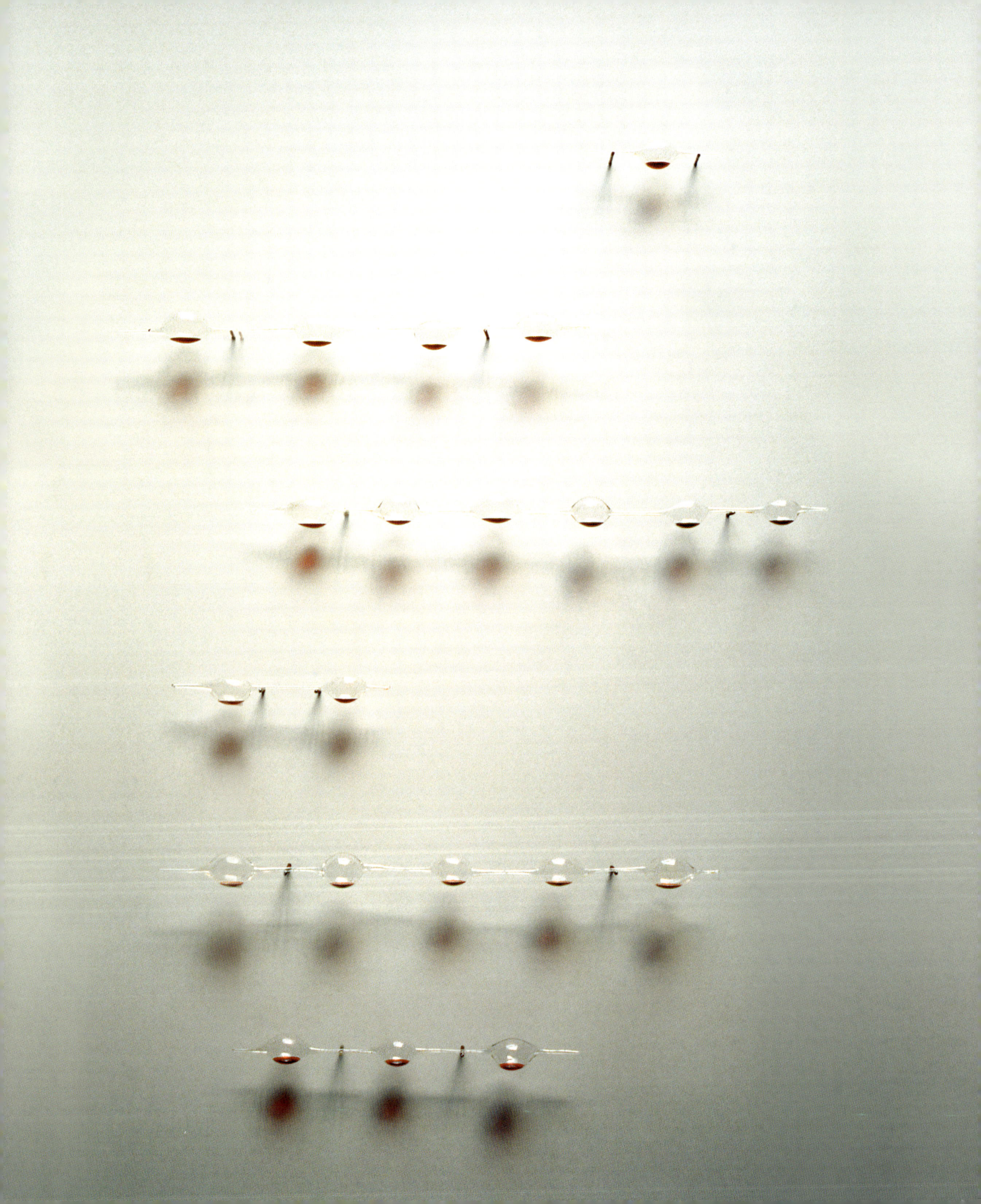

Bibiliografia selezionata
Selected Bibliography

Geppino D'Amico, *Pietro Costa, Quando il Genio diventa Straordinaria Forma*, in "Il Giornale di Napoli", febbraio / February 1992

George Melrod, *Emerging Sculptors at the Sculpture Center*, in "Art in America", aprile / April 1992

Michael J. Fressola, *The Spirit Moved - Metaphysical of Italians, Americans*, in "Staten Island Advance", 16 ottobre / October 1992

Anna Bloom, Spirito di Novità, Newhouse Center for Contemporary Art, in "Il Giornale", 6 dicembre / December 1992

Vivien Raynor, *A Show by Contemporary Italian Artists at the Newhouse Center for Contemporary Art*, in "The New York Times", 6 dicembre / December 1992

Michael J. Fressola, *Artists Build Houses of the Spirit at the Newhouse Center for Contemporary Art*, in "Staten Island Advance", 13 dicembre / December 1992

Giuseppe Sacchi, Spiritualità dell'arte. A Show by Contemporary Italian Artists at the Newhouse Center for Contemporary Art, in "Oggi 7", 21 dicembre / December 1992

Robert Mahoney, *Between Art and History*, in *Pietro Costa X3*, New York 1993

Janet Koplos, 55 Ferris Street II, in "Art in America", febbraio / Februry 1993

Raffaello Siniscalco, *Intervista a Pietro Costa*, RAI, marzo / March 1993

Helen Kohen, *COCA's Eclectic Electric 27 neon artists*, in "The Miami Herald", 25 settembre / September 1993

George Melrod, *Pietro Costa IPSE at David Beitzel Gallery*, in "Sculpture Magazine", luglio-agosto / July August 1993

Dominick Lombardi, *Celebrating the Planet in Water, Air and Fire – The Drip. Blow Burn* at the Hudson River Museum, in "The New York Times", 6 giugno / June 1999

Albert Mobilio, *Pietro Costa, bloodworks*, 2002 (inedito / unpublished)

Georgette Gouveia, *Artists respond to September 11 - The Magic of Light Exhibition* at the Hudson River Museum, in "The Journal News", 10 febbraio / February 2002

William Zimmer, *Show Turns Spotlight on Light Itself - The Magic of Light* at the Hudson River Museum, in "The New York Times", 17 febbraio / February 2002

Grace Glueck, *Painting exuberant Forms with a Palette of Light – The Magic of Light* at the Hudson River Museum, in "The New York Times", 1 marzo / March 2002

Raanan Geberer, *Brooklyn Artist's Neon Sculpture Memorializes WTC Victims*. The Magic of Light *exhibition at the Hudson River Museum*, in "The Brooklyn Eagle", 21 marzo / March 2002

Christy Goodman, *Neighborhood Man Engineers a New Kind of Art*, in "The Carroll Gardens Courier", 15 aprile / April, 2002

Robert Morgan, *Pietro Costa, The significance of blood*, 2003

Rebecca Metzger, *Pietro Costa. Grace*, 2003

Dominick Lombardi, *ART REVIEWS; Folk Art, Seascapes and Musings on Conflict. Conflict and War at the Katonah Museum, in* "The New York Times", 7 settembre / September 2003

Ellen *Keiter, Pietro Costa. Conflicts & War*, 2006

Jesus Manuel Rojas Torres, *Pietro Costa's grace, 10 years since the Colonial Heritage of Florida & Triennial, Miami, Florida, in* "The Examiner", 27 dicembre / December 2011

Michael Janairo, *Troy Gallery Reaches out to Miami, Pietro Costa's grace at the Colonial Heritage of Florida & Triennial, Miami, Florida*, in "Times Union", 8 dicembre / December 2011

Florina Codreanu, *The Future Present of Art, Between Artistic Experiment and Blood Discourse*, 2015

Pasquale Sorrentino, *Valdiano, il pane nel petrolio: un'opera artistica contro le trivelle. Pietro Costa Acqua, Pane e (Petr) Olio*, in "Il Mattino", 25 aprile / April 2019

21 pieces in 6 days (Shoemaker Levy 9), 1994
Sangue dell'artista, l'eparina, il vetro soffiato, le bacchette di metallo / The artist's blood, heparin, blown glass, metal rods
200 x 30 x 150 cm
(dimensioni variabili / variable dimensions)
Collezione dell'artista / The Artist's Collection

In copertina / Cover
Rosa, 2019
Collezione privata /
Private Collection

Silvana Editoriale

Direzione editoriale / Direction
Dario Cimorelli

Art Director
Giacomo Merli

Coordinamento editoriale / Editorial Coordinator
Sergio Di Stefano

Redazione / Copy Editor
Lorena Ansani

Impaginazione / Layout
Denise Castelnovo

Traduzioni / Translations
Emily Ligniti

Coordinamento di produzione / Production Coordinator
Antonio Micelli

Segreteria di redazione / Editorial Assistant
Giulia Mercanti

Ufficio iconografico / Photo Editor
Silvia Sala

Ufficio stampa / Press Office
Alessandra Olivari, press@silvanaeditoriale.it

Available through ARTBOOK | D.A.P.
155 Sixth Avenue, 2nd Floor, New York, N.Y. 10013
Tel: (212) 627-1999 Fax: (212) 627-9484

Silvana Editoriale S.p.A.
via dei Lavoratori, 78
20092 Cinisello Balsamo, Milano
tel. 02 453 951 01
fax 02 453 951 51
www.silvanaeditoriale.it

Le riproduzioni, la stampa e la rilegatura
sono state eseguite in Italia
Reproductions, printing and binding in Italy
Stampato da / Printed by Grafiche Pacini,
Ospedaletto (PI)
Finito di stampare nel mese di aprile 2022
Printed April 2022